FRAGMENS LITTÉRAIRES

sur

LES TABLEAUX

OFFRANT UNE PENSÉE MORALE.

PRIX : 75 CENT.

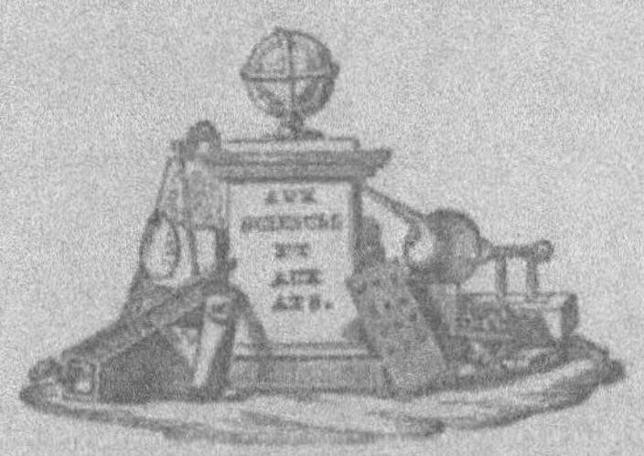

AU MANS,
MONNOYER, IMPRIMEUR-LIBRAIRE,
PLACE DES JACOBINS.

1836.

Publications de la Réunion Artistique.

FRAGMENS LITTÉRAIRES.

FRAGMENS LITTÉRAIRES

SUR

LES TABLEAUX

OFFRANT UNE PENSÉE MORALE.

Exposition de 1836.

AU MANS,

MONNOYER, IMPRIMEUR-LIBRAIRE,

PLACE DES JACOBINS.

—

1836.

L'ART.

I.

L'Art respire dans tout ce que le souffle de Dieu anime. L'Art a sa voix dans la voix de la nature entière.

Souvent on a voulu le contraindre à des accents qui ne sont pas les siens. Souvent on a caché sous le fard sa face radieuse, et on a chargé ses épaules d'un manteau de courtisan. Mais voici qu'on lui demande aujourd'hui de rejeter toute parure menteuse; voici qu'il ne peut plaire désormais que dans la sainte et sublime nudité que Dieu lui a donnée.

Le temps est loin, bien loin où l'acteur sur la scène changeait les proportions de sa taille, en s'exhaussant du cothurne héroïque, et se couvrait le visage d'un masque pour grossir le timbre de sa parole.

L'acteur aujourd'hui, à la foule qui s'émeut devant lui, l'acteur donne la vibration vraie et profonde de sa propre voix; il lui donne l'éclair de son regard, ainsi que la mobile éloquence de ses traits parlants.

Et le poète aussi, qui naguère cadençait pour l'oreille des Princes un rythme flasque et compassé, et le poète aussi, en recueillant à flots les émotions de la foule, a besoin de lui rendre, à son tour, en ondes ruisselantes ses propres émotions. Il verse comme d'une coupe sur elle tout ce qu'il a de parfums en son ame. L'œuvre qu'il enfante pour elle, il la taille en plein dans son cœur, dans sa vie.

Et comme la poésie, la musique aussi cherche dans la vie elle-même ses cordes les plus vibrantes, et retire toutes brûlantes ses mélodies des profondeurs de l'ame humaine.

Et ces glorieuses et célestes sœurs s'avancent dans la route qui se déploie devant leurs pas. Parfois elles s'égarent; mais toujours elles reviennent et tendent vers la source native où la vie épanche son urne, vers cette fontaine de Jouvence où l'Art a besoin de plonger éternellement ses membres pour les rajeunir éternellement.

Mais tandis qu'elles s'avancent en une majestueuse évolution, leurs sœurs, la Peinture et la Sculpture, hésiteront-elles, timides, au début de la route? Tandis que les unes essaient les premiers rudiments d'une langue nouvelle, d'une langue vivante, les autres conserveront-elles superstitieusement les formules usées d'une langue morte, de la langue du passé? Continueront-elles à fouiller les cendres des tombeaux pour y chercher la vie, à relever les idoles renversées, à évoquer les fantômes au milieu des ruines?

Le passé, comme science, comme étude, est fertile en enseignements. Mais comme Art vivant, comme puissance, comme moyen d'émouvoir, le passé n'est qu'un squelette qui dort sous les dalles. Qu'on l'évoque devant ce qui vit, ce qui se meut, ce qui parle aujourd'hui; devant ce qui est, devant le Peuple, devant la foule, la foule ne le reconnaît pas : c'est un étranger pour elle, avec qui tous liens sont brisés; elle le contemple impassible; son regard ne s'allume pas, ses artères ne battent pas, son enthousiasme ne s'éveille pas!!!

Oh! cependant, la Sculpture et la Peinture, elles aussi sont avides d'enthousiasme; elles aussi ont soif de créer, et brûlent de s'élancer en des voies nouvelles. Mais suivre pas à pas les pas des devanciers, ce n'est point marcher; copier, toujours copier, ce n'est point créer!

Créer, c'est ne faire revivre du passé que les parties historiques dont l'intelligence a encore un intérêt actuel pour le présent. Créer, c'est ne saisir dans le présent que ce qu'il offre de profond et de vivace. Créer, c'est comprendre les voix de son époque, c'est rendre ses joies et ses douleurs, ses regrets et ses élans d'espoir; c'est voir et reproduire la colonne de feu qui l'éclaire et la guide vers les champs de l'avenir.

Et pour s'emparer de toute cette vie, l'Art a besoin de se tremper dans tout ce qu'elle anime sous ses yeux, de respirer l'air qui se respire autour de lui, d'emprunter son prisme aux rayons du soleil qui brille au-dessus de lui.

Il a besoin de sonder ce qui se remue aux entrailles du peuple, de sentir le mouvement de son cœur, de compter les pulsations de ses artères.

Car il n'est d'Art que l'Art qui vient du peuple; car le peuple comme la nature est, par excellence, ce qui est *actuel*, ce qui est *vrai*, ce qui est *vivant*. C'est en lui que la vie se révèle dans tout son éclat, sa plénitude et sa puissance; c'est de lui que jaillit l'enthousiasme, et par lui que s'obtiennent les triomphes et les radieuses auréoles.

Si une radieuse auréole a brillé au front des
grands maîtres de l'école de Florence, c'est que
l'école de Florence a été l'expression d'une époque tout entière; c'est qu'elle en a reproduit,
dans ses symboles, la philosophie subtile et la
foi spiritualiste; c'est qu'elle a pris les croyances
du peuple pour les incarner dans le marbre, et
les jeter vivantes sur la toile.

Et si l'école de Venise a eu la gloire de rivaliser
avec celle de Florence, c'est que l'école de Venise
a puisé son éclat aux sources où l'époque puisait
ses richesses; c'est qu'elle l'a trouvé, dans les
parfums de l'Orient, dans ses étoffes veloutées,
et dans la lumière de son soleil; c'est qu'elle a
reproduit, dans ce qu'elle avait de plastique, la
physionomie du peuple, d'un peuple qui mêlait
sans cesse alors sa vie à celle de l'Orient.

II.

L'Art, qui vient du peuple, doit retourner à
lui. Si, pour se rendre l'expression du *vrai*, il
doit en chercher la source dans le peuple, parce
que le peuple présente la *vérité* elle-même, l'ac-

tualité dans ce qu'elle a de plus vivant, il doit encore lui rendre au centuple ce qu'il en reçoit; il doit se proposer, en vue du peuple, un but d'*utilité*, un but *profitable*, parce que le peuple ne fait rien lui-même qui ne soit *utile* et *profite*.

C'est de même de la nature, c'est de même de Dieu. Tout ce qui sort des mains de Dieu porte le sceau d'une destination spéciale et utile, depuis le brin d'herbe de la prairie, jusqu'à l'étoile qui brille au firmament.

Et l'homme, quand il crée, doit se dire qu'il crée à l'imitation de Dieu, et que son œuvre, pour être féconde, doit profiter à ses semblables.

Le savant et l'industriel sont créateurs comme l'Artiste. Or, par une des tendances irrésistibles de l'époque, l'Industrie a pour destination aujourd'hui d'élever le peuple en bien-être, d'embellir sa route, d'augmenter sa puissance. De même, la Science, répand sur lui des flots de lumière, et développe les forces de son intelligence. De même encore, la mission de l'Art, doit être de le moraliser, de parler à son ame, de remuer son cœur, de réjouir ses yeux par la vue du BEAU, qui, sous le rapport moral, comme sous le rapport matériel, est la *vérité*, est l'*Art* lui-même dans son type le plus élevé.

L'Art, pour être utile, doit donc présenter, au peuple, un miroir où se réflète son image sous de nobles aspects. Il doit donc être pour lui un livre toujours ouvert, toujours parlant, toujours palpitant de sublimes enseignements.

Lui rendre l'Art tout brûlant de cette salutaire éloquence, c'est lui rendre rayonnant des feux de mille facettes un diamant tiré brut de ses entrailles. C'est un trésor qui lui appartient comme les scintillantes lueurs des cieux étoilés, comme les parfums des fleurs, comme les flots d'air qui avivent et gonflent sa poitrine. L'en déshériter plus long-temps, ce serait lui arracher son propre bien. Mettre l'Art en serre-chaude, en faire un objet de luxe, un jouet seulement pour les fantaisies des riches, un faux brillant à reluire sur le sein nu des courtisanes, ce serait aujourd'hui, pour le véritable Artiste, prostituer sa dignité, avilir son génie, étouffer lui-même, dans son sein, le feu sacré que Dieu y a déposé!...

III.

Telles sont les convictions, telle la foi de la Réunion d'Artistes, sous l'inspiration de qui se publient ces pages. Ils ont choisi l'Exposition industrielle et Artistique qui anime en ce moment la Cité, pour inaugurer, sous un double aspect, leur pensée. L'idée morale, retracée par le pinceau dans sa forme réelle et plastique, est rendue ici par la plume dans sa forme purement spéculative et littéraire : ce sont deux ondes différentes venues de la même source, et se mêlant dans le même ruisseau.

La sympathie publique voudra-t-elle sourire à ces fleurs rassemblées à la hâte, à la hâte cueillies dans un champ à peine encore exploré? Oh ! ce n'est pas pour leur pâle éclat que nous réclamons cet accueil, mais pour le but dans lequel ont été réunies leurs couleurs éparses. Nous ne sommes que d'humbles glaneurs; mais nous avons l'espoir que d'autres viendront, qui sauront faire une plus riche moisson. Nous les convions au travail ; nous serons heureux de partager notre œuvre d'amélioration populaire avec tous les hommes de bonne volonté, avec tous ceux qui aiment leur pays, qui aiment notre belle Sarthe d'un amour d'Artiste, d'un sincère et fervent amour !

Le Mans, 22 *mai* 1836.

ALPHONSE BAYLE.

AUX ARTISTES.

AUX ARTISTES.

Vous, qui suivez des arts la brillante bannière
Et que le cœur rapproche, en vos divers chemins,
Par un contact d'amour; hommes de la lumière,
Et qui la répandez sur tous, à pleines mains;

Vous, à qui Dieu donna la palette éloquente,
La lyre apostolique et le fervent essor
Des pensers généreux, et dont la foi puissante
Fait étinceler l'ame en rayonnemens d'or !

Vous, Benjamins chéris du père de famille,
Que sa tendresse couve avec un soin si doux,
Qui comprenez le monde où sa grandeur scintille,
Et descendez à lui, pour l'élever à vous ;
Colombs, dont le courage a pu jeter la sonde
Aux nouveaux océans de ce siècle emporté
Par les flots, et, malgré l'obscurité profonde,
Qui du port à venir n'avez jamais douté :

Allez dire aux petits, aux humbles de la terre,
Aux cœurs tristes et purs, que la douleur meurtrit,
Au vice couronné que la débauche altère,
A l'orgueil ignorant qui s'aveugle et maudit ;
Au jeune homme blasé que la paresse annule,
A l'ouvrier qui jeûne, au maître haut et fier ;
A celui qui n'a rien, à celui qui cumule,
Au despote agitant une verge de fer ;

A la vertu cachée au fond de la mansarde,
A la fille vendant le parfum de l'honneur;
Au désespoir armé du poignard qu'il regarde,
Que vous êtes choisis prophètes du Seigneur!
La persuasion coule de votre lèvre;
A vous, de baptiser dans le fleuve éternel,
La foule qui gémit, malade de la fièvre
Qu'infiltra dans ses os l'égoïsme mortel.

Au peuple travailleur chantez des hymnes pures!
Et qu'il sache par vous que ses jours sont venus.
Peignez-le noble et fort, dans ses maisons obscures;
Improvisez pour lui des accords inconnus!
De sa race nombreuse ouvrez l'intelligence;
Par vous qu'il soit moral, heureux et respecté;
Pour lui faire cueillir les fruits de la science,
Implantez dans son cœur l'ardente charité!

Montrez-lui le bonheur auquel Dieu le convie;
Du sol Égyptien affranchissez ses pas;
Et les anges du ciel, au soir de votre vie,
Sur vos cheveux blanchis à d'éclatans combats,

Enlaceront les fleurs d'une sainte couronne ;
Le peuple relevé, dont vous êtes enfans,
Aura, dans l'avenir, un magnifique trône ,
Pour y graver vos noms bénis et triomphans !

Fr. GIRAULT.
Auteur des Joies et Larmes poétiques.

UN CONDAMNÉ A MORT.

LES DERNIERS INSTANTS D'UN CONDAMNE.

TABLEAU DE M. DEUTCH.

UN CONDAMNÉ A MORT.

LA LOI. — LA RELIGION.

Hâtons-nous d'expliquer ce tableau ; nos enfants ne le comprendront plus : nos enfants ne comprendront pas la peine de mort.

Nous sommes dans une prison , à genoux devant une croix que tient dans sa main , un vieux soldat , dépouillé

de ses insignes, et plongé dans une profonde méditation.
Sa dernière heure a sonné ; car la porte de la prison est
ouverte ; et sur la physionomie triste et sévère du sous-
officier qui se présente à cette porte, nous pouvons lire
les paroles qu'il vient de prononcer : *il est temps !*

Un prêtre est là, sublime médiateur entre la vie et la
mort, entre le temps et l'éternité, entre l'homme et
Dieu, son geste semble dire au messager de mort : *encore
un moment* !

Au dehors, un soleil brillant contraste avec la scène
d'intérieur qui attire d'abord notre attention : le soleil
éclaire un groupe d'armes et de soldats, appareil d'une
exécution militaire.

L'artiste a écrit là une belle page : il a plaidé éloquem-
ment contre la peine de mort.

Car c'est ainsi que l'on comprendra toujours le tableau
des derniers moments d'un condamné. Le crime n'est
plus là, présent, hideux, pour expliquer la condamna-
tion. Mais une victime est là présente, victime pardonnée
peut-être par le dernier consolateur que la Religion lui
envoie, victime que les hommes vont saisir et frapper
entre les bras du Dieu de miséricorde : qui donc, dans ce
tableau funèbre, attirera l'intérêt, la commisération,
j'ai presque dit la sympathie ?

J'ai vu, dans les prisons, des coupables condamnés à
mort ; et ceux-là même dont le crime était atroce, dont
la culpabilité était évidente, ceux-là n'étaient plus des
criminels, mais des hommes ; et, en présence de la
Religion qui absout le repentir, j'ai douté du droit de la
société : bien d'autres ont douté, comme moi, que
l'homme pût ôter à l'homme la vie qu'il ne lui a pas
donnée ; et pendant que cette grande voix du doute

s'élevait du milieu de l'humanité comme la voix de la conscience universelle, la société continuait à frapper!

Artiste, qui placez à côté du criminel repentant l'homme de Dieu qui prie et qui pardonne, vous avez écrit une belle page contre la peine de mort!

Puis, quel est le condamné que va frapper la loi de sang? est-ce donc un scélérat endurci, un de ces fanfarons de crimes pour qui le supplice n'est, à ce qu'ils disent, qu'une maladie de plus que le commun des hommes?

Non; c'est un soldat, un vieux soldat.

C'est-à-dire, qu'il est condamné peut-être pour avoir failli à la *discipline*, lui dont la vie entière n'est qu'un long sacrifice à cette discipline de fer.

C'est-à-dire, qu'il a été jugé par cette loi de colère proclamée, en 1793, à la face de l'Europe armée et presque victorieuse; par cette loi qui ordonnait de vaincre, sous peine de mort, qui imposait l'héroïsme de l'abnégation, sous peine de mort: loi terrible, écrite alors que la France était un camp, et le peuple une armée; loi d'épouvante, dictée sous le feu du canon ennemi, et qui suit aujourd'hui nos soldats dans les ennuis de la paix, dans l'oisiveté des garnisons.

Artiste, qui nous retracez les derniers moments d'un vieux soldat, martyr des lois militaires d'une autre époque, vous avez écrit une belle page en faveur de la réforme de nos lois!

Mais quelle est donc aussi cette figure qui domine la scène de deuil offerte à notre émotion? C'est un prêtre; le prêtre, tel que l'humanité le bénit et le respecte; le prêtre dans les prisons, au lit des mourants, aux côtés du misérable et du criminel. La Religion a bien pu être méconnue et attaquée par ceux qui l'ont vue, mêlée aux affaires de ce monde, briller de luxe et d'or, disputer les honneurs et le pouvoir : jamais homme ne l'a méconnue, lors que, vivant au milieu des misères humaines, elle apparaît dans toute sa splendeur de dévouement et de charité.

Artiste, qui posez le prêtre entre le condamné et le supplice, vous avez écrit une belle page en faveur de la Religion !

S.

UN CONDAMNÉ A MORT.

MÊME TABLEAU.

UN CONDAMNÉ A MORT.

LE PRÊTRE.

I.

Un Prêtre!

Quel mot, et combien dans tous les temps, il a été un objet de railleries, de dérisions amères, de persécution acharnée, et aussi de culte sacré, de légitime et sainte admiration!

Surtout, il y a un siècle, les hommes qui avaient le sceptre de l'intelligence littéraire et scientifique, les esprits-forts, comme on les nommait, c'est à dire, les philosophes, traduisirent un Prêtre en espèce de démon à figure humaine ; ils l'appelèrent être superstitieux, hypocrite, immoral, cuirassé d'ignorance et de ridicules préjugés.

Et il y en eut, des plus renommés, qui en firent un Attila sanglant et dévastateur, et le proclamèrent le fléau du monde

Et le Prêtre qui s'entendit ainsi nommer à la face de tous, soupira, regarda le ciel ; une larme mêlée de pitié et de miséricorde, mouilla sa paupière ; il détourna la tête et ne répondit rien.....

Et il ne continua pas moins à recevoir au sein de la grande famille chrétienne, les petits enfans qui naissaient, à bénir l'union conjugale, à répandre le baume de sa parole consolatrice sur les plaies du malheur ; à pleurer avec ceux qui pleuraient, à nourrir ceux qui avaient faim, à vêtir ceux qui étaient nus, à dérouler le tableau des délices d'en haut aux opprimés de cet exil, à prier, à veiller, à relever, à fortifier et à purifier, enfin à donner à tous sa main providentielle, depuis le moment où ils étaient sortis du ventre de leur mère, jusqu'à celui où leur autre mère implacable, la terre, les rappelait dans ses froides entrailles.

Et quand le Prêtre mourait, il avait des successeurs en grand nombre, serviteurs chargés d'affronts d'un maître commun, qui revêtaient l'étole apostolique, et continuaient la tâche du premier, vivaient, faisaient le bien, et mouraient, pour renaître par les œuvres de ceux qui leur succédaient. Et leur mort avait quelque chose de grand, de doux et de divin, et les douleurs poignantes des hommes qu'ils avaient arrachés au vice, des jeunes filles dont ils avaient protégé l'innocence fleurie, des veuves qu'ils avaient secourues, des orphelins qui les appelaient leurs pères, les accompagnaient à leur dernier asyle.....

Et ceux qui avaient le sceptre de l'intelligence littéraire et scientifique, les esprits-forts, c'est à dire les philosophes, qui traduisaient un Prêtre en espèce de démon à figure humaine, qui le disaient superstitieux, hypocrite, immoral, cuirassé d'ignorance et de ridicules préjugés, vivaient et mouraient, et leur mort n'avait rien de grand, de doux et de divin, parce qu'à cette heure suprême, ils comprenaient qu'ils s'étaient laissés tromper, égarer par l'orgueil et la passion, et ils tremblaient en songeant à Dieu et à leurs devoirs d'hommes, qu'ils avaient mal remplis, et ils blasphêmaient.... Et on les oubliait, car le Christ est juste ; et son Prêtre vivait dans le souvenir du peuple, car le Prêtre est éternel....

Oui, le Prêtre est éternel, car il n'est pas donné à la frêle puissance de l'homme de détruire ce que Dieu a fondé ; car la providence du ciel a voulu qu'une autre providence, visible ici bas, prêtât son flambeau à la marche du monde déchu et assis dans les ténèbres; car la providence du ciel, tout en se réservant le châtiment du ministre indigne et heureusement rare aujourd'hui, qui souille sa blanche et virginale tunique, et qui traîne son âme, choisie entre toutes, aux égoûts des dissolutions mondaines, a dit à la phalange des envoyés du Christ, cette parole immuable :

« Vous êtes les fils élus du très haut. »

Et voilà pourquoi ils ont survécu aux persécutions

sanglantes des empereurs romains, comme aux atteintes
acérées et à la guerre opiniâtre du siècle passé, et aux
échafauds, et à la mitraille, et aux pontons et à l'exil,
dans les temps modernes.

II.

Avez vous vu, dans un des tableaux de M.ʳ Deutch,
un de ces Prêtres vénérables, dont les cheveux ont
blanchi au service de leurs frères, les plus bas et les
plus criminels ; un de ces Vincent-de-Paule des cachots,
dont le cœur déborde d'amour, dont le front est empreint
de calme céleste, et comme entouré des lueurs d'une
gloire anticipée? Si vous l'avez vu, vous avez été comme
moi, n'est-ce pas, profondément ému dans les entrailles,
à l'aspect de cet enthousiasme sacré de la charité, qui
rayonne sur son noble visage. Oh! Il a dû, bien des fois,
solliciter d'une voix onctueuse et paternelle, et serrer
dans ses bras, et étreindre de toute l'énergie de son amour
surhumain, ce pauvre soldat, dont la justice des hommes,
va s'emparer comme d'une proie! Oh! La science du
cœur a dû découler à flots de ses lèvres inspirées, pour
persuader et convaincre ce pauvre soldat qu'il était son
ami, son ami à toute épreuve, le seul qui pût, avec
l'aide de Dieu, son miséricordieux maître, changer en
bonheur qui ne finit point et qui s'approche, les angoisses
insondables de l'heure dernière!...

Mais voyez-vous comme les angoisses insondables de
l'heure dernière, n'existent plus pour ce pauvre soldat!
Le voyez-vous, dans l'effusion de son âme, et de ses
pleurs brûlants, coller sa bouche sur le corps du Christ,
de ce Christ qu'il ne connaissait pas, ou qu'il avait

oublié ! Le voyez-vous , de blasphémateur et d'impie qu'il était auparavant , à la tête courbée sous le poids de l'effroi , aux regards fixes et remplis d'un sombre et muet désespoir, aux joues pâles et tremblantes, le voyez-vous , ne songeant plus à la mort du corps , vivre tout entier de la vie d'en haut , s'élancer dans le sein de Dieu , comme énivré de repentir et de délicieuses larmes !

Oh ! Sublime ministère des apôtres du Christ ; qui se placent entre le ciel et l'homme , à tous les instants où une forte douleur, une immense infortune , une mort inévitable , le menacent , et qui font arriver à Dieu, foyer de tout amour , le malheureux qui voit se fermer à jamais pour lui la scène du monde ! Oh ! Sublime ministère des apôtres du Christ , qui répondent par le silence à l'ironie , par la persévérance aux obstacles du vice , à l'insulte par la charité , pour faire pleuvoir une fertile rosée sur une terre aride , pour transformer le blasphême en extase divine , et la mort hideuse en bonheur et en espérance du ciel !

Apôtres du Christ , aux magnifiques fonctions que vous exercez, je sens que le Maître que vous servez est vraiment Dieu !

21 mai 1836.

Fr. GIRAULT.

LES SOEURS DE CHARITÉ.

LES SŒURS DE CHARITÉ.

Dans ce tableau, M. Deutch offre à nos regards un des actes les plus sublimes et les plus touchants que puisse inspirer la charité chrétienne.

Plusieurs sœurs de Saint-Vincent-de-Paul entourent le lit d'un soldat malade. Une d'elles lève l'appareil de ses blessures, tandis que les autres implorent le ciel pour la guérison du pauvre soldat, dont le courage paraît céder au sentiment d'une vive douleur.

Captif, peut-être il n'espérait pas trouver sur une terre étrangère des serviteurs, des amis; mais la charité les lui donne : car pour elle tous les hommes sont des frères, et, pour obtenir ses soins il suffit d'être malheureux.

LES SOEURS DE CHARITÉ.

La femme comprend tout par l'amour.

De Balzac.

Oh ! qui nous pourrait dire, à nous, masse vulgaire, à nous en particulier, hommes si éloignés de la spirituelle essence ; qui nous pourrait raconter l'ame de ces femmes saintes, qu'on nomme *Sœurs de charité !*

Quelle imagination de poète assez régénérée, assez

redevenue blanche et limpide, comme dans l'enfance,
pourrait, par son intuition, trouver et chanter les
mondes de pensers, les combats, les victoires, les
larmes, et les splendides auréoles de joie, qui s'émeuvent
aux cœurs de ces femmes vouées à Dieu par l'amour?
Et si par hasard çà et là il s'en trouvait, qui donc
serait assez puissant pour rejeter le vieil homme et se
faire une innocence, à pouvoir écouter et comprendre
de telles mélodies? L'ame de ces femmes, lavée de la
native souillure, par la charité, et ramenée à la ressem-
blance de Dieu par ce sentiment appelé *à la régénération
du monde*, par l'amour, est un mystère devant lequel
il faut s'agenouiller, en adorant comme devant l'Éternel.

Oui, c'est un mystère, car toujours en leur vie
entourée de fatigues, de misères, de douleurs, une
force, qui n'est pas de cette terre, les soutient, et là,
où le plus courageux de nous trouverait tant d'amertume,
que son ame défaillerait, nous voyons leurs fronts
sillonnés d'une joie qui n'a point de nom!

Parcourant l'échelle des événements qui font l'existence
des Sœurs de charité, ce que nous nommons la misère,
s'y rencontre à chaque pas, et cependant sur leurs lèvres
se joue une éternelle sérénité; jamais une plainte ne
s'échappe de leur cœur, jamais ne s'élève un désir
pour une autre existence. L'hiver, quand la nature
semble morte, tant elle est engourdie, quand chaque
impression abrupte est une souffrance, quand la neige
couvre la terre et que l'oisiveté même n'a plus d'abri,
joyeuses, vous voyez ces saintes femmes au milieu de
la nuit quitter leur foyer, pour aller au milieu de tous
les obstacles, loin de leur demeure, porter des secours
aux pauvres malades dont elles sont la providence. La

dans ces misérables huttes où tout manque, leur active
et insouciante charité répare ce qui se détruit, crée ce
qui n'est pas, et aucune consolation, aucun remède
n'est épargné à celui qui souffre. Mais enfin, lorsqu'a
sonné l'heure où Dieu rappelle à son repos l'homme
fatigué, alors que leurs mains n'ont plus rien à faire
pour celui que la mort vient de toucher, elles demeu-
rent encore, et leurs paroles, douces rosées, s'épan-
chent sur ceux qui restent et pleurent. Enfin, au moment
où elles abandonnent la triste chaumière, si, après elles,
il se conserve bien de la douleur, car tel est le lot de
l'humanité, cette douleur, du moins, n'est pas sans
charmes, puisque l'espérance et la foi l'accompagnent.

Et le corps usé de fatigues, l'esprit endolori du mal
qu'elles n'ont consolé qu'en en prenant leur part, pourtant elles brillent encore d'allégresse, leur front est
serein ; et leurs paroles, que les soins du jour appellent
à l'enseignement des petits enfants, sont douces, calmes, tranquilles.

En effet, revenues à leur modeste demeure, un autre
labeur les attend. Et, après avoir enseigné au vieillard à mourir, elles viennent apprendre à l'enfance à
bien vivre. Vierges chez qui la charité a engendré l'a-
mour des mères, elles disent alors aux petits enfants
du hameau les prières qui obtiennent beaucoup de Dieu ;
elles leurs disent qu'il est des devoirs dans la vie,
et que leur accomplissement est une jouissance ; que l'humanité est une immense famille, dont chaque membre
doit être aimé comme soi-même. Et durant que leurs
paroles laissent tomber les enseignements, leurs mains
jamais oisives travaillent encore. Tantôt c'est la layette
de l'enfant du pauvre qu'elles préparent, tantôt le linge

dont elles vont panser le vieillard infirme dont personne,
si ce n'est elles, n'a soin ni souci. Aux petits enfants,
leur esprit ; aux indigents, le travail de leurs mains,
au même instant doublement secourables. Ainsi, deux
fois, elles se donnent au bien.

Mais ceci n'est qu'un aspect de la vie de ces femmes,
et celui peut-être, tant pénible qu'il nous paraisse, où
se trouve encore le plus de charmes ou de douceurs.

Dans cette existence des Sœurs de charité, au sein des
campagnes, s'il est en effet de rudes et âpres travaux,
du moins des dédommagements leur sont offerts, car
il leur est quelques heures de loisir ; et alors seules,
et loin des bruits de la foule, elles peuvent errer à
l'aventure, ouvrant leur ame aux charmantes délices de
la nature. Et le ruisseau aussi pour elles coule frais et
ombragé, bruissant aux cailloux de son lit, et balançant
mollement les fleurs du rivage. Et pour elles aussi le
rossignol, chantre de Dieu, épand aux airs ses mélodies pénétrantes qui nous font remuer des pensers
étranges et féériques. Et pour elles aussi sont faites les
belles nuits d'été, aux lueurs rêveuses de la lune ; pour
elles, la brise passe chargée de mille parfums, caressant
tout, et emplissant l'ame de tant de bonheur, qu'alors
on remercie Dieu de vivre. Et pour elles aussi toute la
nature enfin reprend ses joyeux habits d'été ; tout brille,
tout resplendit, tant l'harmonie est à ravir la pensée.

Au lieu que leurs Sœurs des villes n'ont rien, elles,
à pouvoir rompre l'éternelle monotonie de leurs labeurs.
Chaque jour s'écoule semblable à celui qui vient de finir,
et sans avenir pour le lendemain, car elles n'ont plus de
volonté : veiller les malades des hôpitaux, les soigner
des remèdes par d'autres commandés, voila quels rôles

passifs elles sont appelées à remplir ; et là encore vous les
trouvez joyeuses et consolantes ; et si parfois elles sont
éplorées, c'est sur le malheur d'autrui. Dans de longues
salles, uniquement consacrées à la douleur, et où elle
trône sur chaque lit, le jour, voyez ces femmes infati-
gables veiller sur les malades, comme une mère sur
son nouveau-né. Il n'est rien si rebutant qui répugne
à leur impassible charité, maladie si horrible, que pour
combattre leur ame ne trouve assez de bonté, leur
cœur assez de force. Vainement parfois, tombés au-
dessous de la brute, se trouve-t-il certains hommes, qui
toujours la rage au cœur, le blasphême au lèvres, ne
recueillent les soins de leur sollicitude qu'avec des
paroles de mépris et d'offenses, de sales moqueries ;
toujours compatissantes, elles vont s'enveloppant de leur
pudeur comme d'un voile, et priant Dieu de pardonner
et d'oublier, comme elles oublient et pardonnent.

Vainement, la Mort, cet éternel lutteur, entasse-t-elle
ses victimes sous leurs yeux, face à face, elles la com-
battent, et quand elles ont succombé dans l'être qu'elles
soignaient, elles ne le quittent pas encore là ; voulant
du moins ouvrir les portes de l'autre vie, à celui qu'elles
n'ont pu conserver en celle-ci, elles s'agenouillent,
pleurent et prient, et se frappent la poitrine pour les
fautes de celui qui n'est plus ; et quand elles se relèvent,
leur front est encore serein, confiantes qu'elles sont dans
une immense miséricorde ; la nuit, oublieuses que cette
heure est celle du repos, elles veillent, allant de lit en lit,
voir si nul n'a besoin de leur aide, et leur voix console,
engourdit la douleur, et fait venir le repos, seule joie
de celui qui souffre.

A d'autres, sont d'autres soins, peut-être plus durs

encore, c'est de prêter leur appui à ces hommes que
la société rejette loin d'elle, et condamne à expier leurs
crimes, captifs, sous le ciel, image de la liberté, près
de la mer, dont l'aspect fait rêver l'indépendance
absolue. Là aussi rien n'arrête la charité des sœurs,
ni la répugnance que leur vertu doit ressentir pour le
vice, ni le cynisme que ces hommes se font une gloire
effrontée d'étaler aux yeux de tous.

Mais détournons nos regards de si affligeants tableaux,
et voyons les saintes femmes dont je raconte quelques
heures, là où la douleur se trouve bien, mais du moins
une noble douleur.

Voyons-les sur ces champs, où, sans haine ni colère,
des hommes abreuvent la terre de leur sang, parceque
quelques autres hommes ont dit : allez. Que de devoue-
ments sublimes, que de pieuses résignations, alors
embrâsent leur ame. La mort plane partout, le sang
ruisselle, l'air tremble de fracas, et dans les intervalles
bien rares du bruit du combat, un immense cri de
douleur, formé de mille et mille plaintes, s'élance de
la terre, et déchire le cœur. O admirables femmes !
elles oublient que leur corps est faible à souffrir, que
leur ame tremble et faiblit sous la douleur morale,
devenues puissantes par charité, elles courent là où il y a
le plus de danger, puisque c'est là que beaucoup souffrent
et ont besoin de secours. Alors d'une main essuyant le
sang des blessures, de l'autre elles étanchent les larmes
que le regret de la vie arrache à ces pauvres soldats.
Car, oh ! voyez-vous, quelque courage qu'on ait à l'ame,
quand arrive le moment suprême, il s'émeut en vous une
douleur pour tous ces objets si chers auquel on ne peut
dire adieu.

Et le jeune soldat que la loi a pris calme, heureux dans son hameau, et qui se voit mourir, sans trop savoir pourquoi il s'est battu, qui se voit mourir sous un autre ciel que celui qui le vit naître, sous un autre ciel que celui qui abrita sa jeunesse, repassant à cette dernière heure, dans son cœur, toutes les affections du pays, et songeant à sa pauvre et vieille mère dont il faisait l'orgueil et la joie, qui au jour du départ, malgré sa faiblesse, voulut le conduire jusqu'au haut de la colline, pour quelques instants de plus le voir encore, qui lui dit adieu avec tant de larmes et de désespoir, qu'elle ne put que tomber à genoux et s'écrier, les bras au ciel : Reviens, oh! reviens! Et à ses jeunes sœurs qui pleurent et se lamentent aussi ; et à celle avec qui il avait rêvé l'avenir, ce jeune soldat sent une larme bien brûlante s'échapper de dessous sa paupière.

Mais les Sœurs de charité sont près de lui ; elles lui disent de ces paroles dont elles seules ont la science, et qui apprennent à mourir sans regret. Elles le consolent, par affection, et dans leur âme si remplie d'amour, il peut dire adieu à tout ce qu'il aima. Aussi quand son dernier souffle s'exhale, les yeux au ciel qu'elles viennent de lui montrer, resplendissant de feux et d'espérance, l'oreille frappée d'un long cri de victoire, il n'a plus de douleur, et un sourire anime ses lèvres.

Je m'arrête. Que peuvent à la gloire des Sœurs de charité, mes paroles à moi chétif et obscur? Que pourraient à leur bonheur les plus suaves mélodies?

Leur royaume n'est pas de ce monde, et les palmes éternelles ne croissent point sur la terre. C'est au ciel, où toujours on aime, où toujours se sont élevés leurs regards, que Dieu doit les rémunérer ; là, afin que leur

récompense, comme leur vie, soit toute d'amour, prenant leur âme et la joignant à celle de l'être qu'elles ont
le plus aimé dans leur course terrestre, des deux il doit
faire l'esprit seul d'un ange pour l'éternité en sa présence.

18 *Mai* 1835.

A. E.

LA PRIÈRE.

LA PRIÈRE.

PAR M. GASTON.

LA PRIÈRE.

Priez, priez toujours, car pour l'ame embrasée
La prière est un baume, une douce rosée
  Qui partout répand sa fraîcheur :
Quand la tige est courbée au matin, languissante,
La brise lui sourit berceuse et caressante
  Comme la prière au pécheur.

Que l'on soit riche ou pauvre, il faut prier sans cesse,
Prier dans le malheur, dans la joie et l'ivresse,
        Car toute chose vient de Dieu :
Car le rire est à lui comme à lui sont les larmes,
Et contre les chagrins, il nous donna pour armes
        Les élans du cœur au saint lieu.

Mais Dieu n'écoute pas l'égoïste Prière;
Il aime bien mieux voir au fond du sanctuaire,
        Pour son frère un frère à genoux :
Mais il aime surtout qu'en sa demeure sainte,
L'ardente charité remplissant son enceinte,
        Dise la Prière pour tous.

Mais ce qui réjouit le Seigneur sur son trône,
Ce qui fait des martyrs tressaillir la couronne,
        Et ravit les Saints glorieux,
C'est la voix douce et pure et tremblante et timide
D'une Vierge aux yeux bleus, au front blanc et candide,
        Dont les accents montent aux cieux.

C'est comme un doux parfum, une hymne aérienne,
Qui s'échappe du sein d'une harpe chrétienne,

Sous les doigts d'un beau Seraphin ;
C'est un chant d'amour pur, une parole d'ange,
Un cri de nouveau-né qui sourit dans son lange,
Un charme qui n'a pas de fin.

Oh! quelle est belle à voir, modeste et recueillie,
Les mains jointes, les yeux au ciel, toute amollie
Par une pieuse langueur !
Tout son corps respirant une céleste extase,
Ses lèvres frémissant à chaque sainte phrase
Qui s'élève au fond de son cœur.

———————

Entendez la chaste Prière,
Qui charme et ravit toute entière,
La Vierge à genoux au saint-lieu :
Quand là haut sa Patronne prie,
Son cœur élancé vers Marie,
Va la trouver auprès de Dieu.

Seigneur, écoute-moi, dit-elle ;
Du haut de ta voûte éternelle

LA PRIÈRE.

Abaisse ton regard sur moi :
J'ai pu pécher, mais la couronne
De vierge à mon front rayonne ;
Toujours j'ai vécu sous ta loi.

Seigneur, quand ma mère mourante
Me dit : Ma fille, sois prudente,
Sois sage, je le lui promis :
Depuis j'ai tenu ma parole,
Et c'est ta voix qui me console,
Car mon destin te fut soumis.

Par cette mere que j'adore,
Qui, quand j'étais bien jeune encore,
Me quitta pour aller au Ciel :
Du Paradis où ton front brille,
Ma mère, protége ta fille,
De ses lèvres éloigne le fiel.

Mon Dieu ! pour mon bon et vieux père,
Arrange un avenir prospère,
Il est mon seul bien ici-bas :
Ah ! s'il devait, dans sa vieillesse,

Tomber en proie à la détresse,
Punis-moi, qu'il ne souffre pas !

Écoute, mon Dieu ! j'ai mon frère,
Pauvre soldat, qui fait la guerre
Sur quelque rivage lointain ;
Soutiens-le dans son rude ouvrage ;
Daigne sourire à son courage
Et lui donner un beau destin.

C'est là ce que je te demande,
Seigneur ; et moi, pour mon offrande,
Je te donne mon cœur... Pourtant
Un vœu reste dans ma pensée :
Il est pour *lui* qui m'a laissée,
Et que mon âme, hélas ! attend.

Quand il quitta notre rivage
Pour commencer un long voyage,
Il m'a bien dit : Je reviendrai !
Oh ! ramenez-le, bonne Vierge,
Et je vous promets un beau cierge
Qu'à votre autel j'allumerai.

LA PRIERE.

Ma mère, malgré ma tendresse,
Je suis fidèle à ma promesse :
Il m'aime ; il sera mon époux !
Tu le connais, c'est lui, c'est Pierre ;
Jadis tu nous disais, ma mère :
Venez, enfants, sur mes genoux !

En achevant ces mots, la pure jeune fille,
D'une sainte pudeur sent rougir tous ses traits ;
Au bord de sa paupière une larme scintille :
Cet émoi doux et saint a doublé ses attraits :

Et l'on dirait un ange accroupi sous ses ailes,
Dans le recueillement rêvant aux chants divins,
Et, ses beaux yeux fixés aux voûtes éternelles,
Au travers de l'azur voyant les Séraphins.

21 *mai* 1836.

Adolphe AUBENAS.

UNE MÈRE ET SON FILS.

UNE MÈRE SOUTENUE PAR SON FILS.

TABLEAU DE MADEMOISELLE RIBAULT,
Née à Fresnay (Sarthe), peintre à Paris.

UNE MÈRE ET SON FILS.

Une vieille mère soutenue par son fils, scène touchante où la douleur et le bien être fondus dans un
seul sentiment, animent d'une inexprimable expression
les traits de ces deux êtres qu'unit le plus fort des liens.
Le jeune homme supporte dans ses bras sa mère défail-

lante ; il la soutient avec amour, car il sait qu'elle aussi l'a bien long-temps soutenu sur les siens, alors que chétive créature, il était si faible qu'il ignorait même ce que c'était que faiblesse. Il sait quels miracles sa tendresse savait accomplir pour lui sauver la douleur, car elle était forte alors cette bonne mère : un pouvoir providentiel et suprême lui avait départi volonté et puissance, puissance maternelle à laquelle nulle autre ne se compare, à laquelle rien n'est impossible.

Si long-temps elle se sentit heureuse de sa force si c'était avec un inexprimable bonheur qu'elle entourait son fils de sa protection de mère, c'est avec une douce résignation qu'elle a abdiqué son autorité. N'a-t-elle pas près d'elle un appui bien cher ? Et cette vieille tige battue par le vent des années s'est inclinée vers le jeune rameau qui doit la soutenir.

Oh ! tu ne lui manqueras pas, fils pieux, à ta mère chérie : par toi ils couleront doucement les quelques jours qui lui restent sur une vie qu'elle t'a toute donnée.

Il y a longtems déjà, et tes yeux n'avaient pas encore vu la lumière, ta mère encore jeune fille insouciante et rieuse comme toute jeune fille, s'occupait peu d'avenir, et se suffisait à elle-même. Mais il arriva qu'une nuit tu lui apparus dans un rêve, et depuis cette douce vision une nouvelle destinée s'ouvrit pour elle ; pour elle, dès ce moment tu commenças à exister ; tu étais au fond de toutes ses pensées, de toutes ses joies, de toutes ses larmes ! Plus tard, tu entras dans la carrière, elle t'aplanit la voie, prenant pour elle toutes les fatigues et les douleurs. Le moment est proche, peut-être, où tu devras parcourir seul le reste du chemin ; mais ainsi que pour ta mère, tu vécus autrefois par l'espérance, ainsi vivra-t-elle

en toi par le souvenir; et lorsqu'elle aura touché le
seuil d'un autre monde, à jamais rajeunie, elle reprendra
son ancienne puissance; tu lui adresseras tes prières,
tu auras encore foi en son amour : rayon de la divine
bonté, immense comme elle, l'amour d'une mère ne
se brise pas sur la pierre d'un tombeau !

18 *mai* 1836.

CR.

DEUX MÈRES.

DEUX MÈRES.

TABLEAU DE MADEMOISELLE RIBAULT.

Mademoiselle Ribault est un des peintres distingués, auxquels le département de la Sarthe a donné naissance. La Réunion ne compte pas cet artiste parmi ses membres. Nous aurions cru, néanmoins, notre tâche incomplète, si nous avions négligé de reproduire la pensée morale de deux gracieux tableaux qui rentrent si bien dans notre cadre.

DEUX MÈRES.

Rapide, votre voiture roulait vers la riante habitation
dont se dessinaient déjà les tourelles blanches et les verts
ombrages. Et vous, Madame, les stores baissés permet-
taient de vous apercevoir mollement bercée sur des
coussins moëlleux. Votre front se penchait, et décélait

une délicieuse rêverie. Il se penchait vers l'enfant qui reposait sur vos genoux, vers l'ange qui reçut de vous le jour, il y a quelques mois à peine. Son jeune sourire répondait à votre sourire. Votre regard fixe et avide plongeait dans ses yeux, et semblait vouloir deviner en leurs vagues clartés tous les bonheurs que vous demandez à Dieu de verser sur l'avenir de cette créature chérie.

Ah! qui pourrait dire ce qui se passe dans l'ame d'une mère, lorsque n'ayant respiré de la vie qu'une atmosphère de richesse et de luxe, elle peut, avec sécurité, couver du regard son enfant, son enfant qu'elle vient d'allaiter; lorsqu'elle peut, en un rêve plein d'espoir, lui créer elle-même l'avenir, un avenir tout rose et tout parfumé!

Mais, Madame, sur la route où votre voiture qui vole, soulève la poussière, n'apercevez-vous pas une femme tristement couchée sur l'herbe brûlée, au bord du fossé poudreux, sous le maigre feuillage d'une haie qui jaunit? Oui, c'est une femme, une mère comme vous, une mère et son fils. Elle aussi elle est jeune, elle est belle; mais la misère, les souffrances ont amaigri ses traits. Elle a ployé sous le poids de la chaleur, sous celui de la fatigue, ses jambes se sont affaissées, elle est étendue sans mouvement. Oh! depuis combien d'heures entend-elle les cris de son enfant qui se tord dans les convulsions de la faim? Vainement elle le presse avec désespoir contre son sein tari. Oh! la mort va donc arriver! La mort n'effraierait pas cette mère, si elle pouvait à ce prix conserver la vie à l'être qui la reçut d'elle.

Ah! qui pourrait dire ce qui déchire le cœur d'une mère, quand elle est obligée de subir avec son enfant les flagellations de la misère; quand les étreintes de la faim brisent sous ses yeux cette chère et frêle créature ; quand, exténuée elle-même, elle n'a plus une seule goutte de lait pour humecter ces petites lèvres devenues violettes, non, plus même une seule goutte de lait !

Madame, votre cœur s'est ému à ce douloureux spectacle. Vous avez jeté un regard rapide sur votre fils, si frais, si beau, si rayonnant de vie, et obéissant à un irrésistible élan, vous vous êtes précipitée de la portière. Vous accourez à la pauvre femme, vous saisissez le pauvre enfant, vous le soulevez dans vos bras, vous le soutenez avec ce geste et cette attitude adorable des mères ; de votre main délicate vous pressez ses langes grossiers ; vous versez sur son visage un ineffable regard de tendresse et de pitié. Mais la douleur contracte encore son visage, ses lèvres réclament encore le lait maternel. Oh ! c'est votre propre lait que vont recueillir ses lèvres, vous portez la main à votre sein, ô Madame, c'est votre sein qui va faire jaillir pour cet enfant, les sources de vie !...

Nos yeux se tournent sur ce qui vous environne ; mais toute à votre acte sublime, vous ne voyez pas ce qui vous environne. Vous ne voyez pas votre propre enfant, les yeux dirigés vers vous, et qui semble vous comprendre et sourire au frère que votre sein lui donne. Vous ne voyez pas la pauvre mère, encore couchée à vos pieds, se soulevant à demi, soulevant vers vous un œil reconnaissant, et vous entourant, vous embrassant tout entière de l'action de grâces que contient son regard.

Oh ! c'est que vous lui rendez la vie en la rendant à son fils ; c'est que vous êtes sa providence, son ange gardien, son ange sauveur ; c'est qu'elle voudrait baiser le bas de votre robe ; c'est que vous l'éblouissez de l'éclat dont s'illumine votre front. O Madame, vous êtes bien belle! on n'ose pas, on ne peut pas dire combien vous êtes belle! Vous êtes plus belle qu'aux bals de l'hiver, sous les lustres étincelants; plus belle que penchée au bord de votre loge, et frémissante sous la musique de Meyer-Beer. Non, vous n'êtes pas seulement belle: vous êtes grande, vous êtes sublime! grande comme la providence, sublime comme la nature, sublime comme la maternité, sublime comme la Vierge mère, représentée en des tableaux sacrés, lorsqu'elle tient dans ses bras l'enfant-Dieu!!!

O madame, vous offrez le vivant tableau de cette égalité selon la nature dont toutes les femmes portent en elles le profond symbole. Ne sont-elles pas égales par les douleurs qui déchirent leurs entrailles, à l'heure de l'enfantement, égales par les joies qui les énivrent au premier sourire de leur premier né? Aussi déjà une œuvre d'avenir s'accomplit sous l'égide de la maternité, une œuvre qui unira, qui enlacera toutes les classes d'un même lien d'amour. Oui, déjà, madame, celles qui vous ressemblent, se font gloire de recueillir les petits enfants du pauvre, de leur faire distribuer les premières semences d'instruction et de morale, de se rendre les protectrices de leurs jeunes années, de devenir, en un mot, pour eux, de secondes mères. Et vous, madame, vous êtes leur gracieuse image, vous qui oubliez la différence des rangs, qui en franchissez la distance, et qui sans répugnance pour l'aspect de la misère, soulevez dans vos bras un pauvre petit enfant, et lui donnez une parcelle de vous même, en épanchant sur ses lèvres le lait de votre sein....

Non, en vous voyant, on n'ose pas exprimer tout

ce qui se remue en l'âme de sentimens doux et délicieux. On aurait pudeur de rester au-dessous de la sublime simplicité du sujet. On ne peut que remercier d'une si touchante inspiration l'artiste habile qui a su la trouver dans son propre cœur, dans un cœur de femme !

20 mai 1836.

Alphonse BAYLE.

LES SALLES D'ASILE.

M. PAPE,

TABLEAU DE M. CHATEL.

Parmi les épisodes que peut offrir au peintre l'intérieur d'une Salle d'asile, l'Artiste a choisi un de ceux qui se renouvellent à chacune des récréations.

La classe est-elle terminée ? les enfants se pressent à l'envi autour de M. Papé, zélé directeur de l'Établissement, pour recevoir les nombreuses caresses qu'il distribue en récompenses sans exciter la jalousie d'un seul d'entr'eux. A voir l'insousciance de la petite fille, on la croirait encore sur les genoux de la mère.

Le second des enfants paraît s'occuper d'elle, tandis que le plus âgé, sur l'épaule duquel M. Pape a posé la main droite, semble fier d'être choisi par son maître pour lui servir d'appui.

LES SALLES D'ASILE.

A MON AMI X. MARMIER.

I.

Je veux, mon ami, vous donner aujourd'hui quelques détails sur l'un des objets qui m'intéressent le plus dans ma nouvelle position, sur nos salles d'Asyle pour l'enfance.

De toutes parts s'élèvent des plaintes sur l'état de malaise de notre époque; sur l'égoïsme des classes

élevées, la grossière brutalité du plus grand nombre ;
sur l'ingratitude des enfants et l'insouciance des parents ;
en général, sur l'oubli de tous les devoirs posés par
notre condition sociale, et que traduit une espèce de
scepticisme réalisé, dont le réseau de fer nous enveloppe ;
et les faits malheureusement sont là surgissant à tout
pas, qui viennent justifier ces arrêts de l'opinion, et ra-
viver à nos yeux la cruelle image de notre état de détresse.
Comment alors s'étonner des tentatives qu'un dernier
effort de courage quelquefois inspire à des êtres dévoués,
qui comptent encore sur l'intarissable source des bienfaits
providentiels ?

Bien plus sages sans doute ceux qui, comme vous,
mon ami, sans s'inquiéter des moyens de remédier à
un mal peut-être incurable, adoptent gaiement la devise
d'une autre philosophie ; et bienheureux dans leur douce
résignation, prennent le monde tel quel ; s'emparent
de tous les modes d'activité, de toutes les richesses de
la nature, et en font indistinctement l'objet de leurs
tableaux, suivant ainsi sans effort, la pente de bonheur
tracée par leur génie. Cependant il faut en convenir,
cette insouciance des hommes supérieurs sur la morale
publique, est encore un côté de la plaie qui couvre
notre société : elle décèle une espèce de panthéisme
moral, qui proclame à toute voix la dissolution de
l'édifice, ou l'abandonne à une fatalité que l'on ne peut
admettre que pour se boucher les yeux ; et se livrer ainsi,
en désespoir de cause, à l'abyme qui doit tout engloutir.

Mais non, mon ami, ce n'est point là la destination
humaine : le monde a sa carrière à remplir, son but à
atteindre ; et dans cette longue traversée, s'il est des
jours de souffrance et de malheur, il faut du courage

et des efforts pour sauver l'équipage, et tendre une
main secourable à ceux de nos frères prêts à succomber
dans la tourmente. Je ne dis rien de trop, et ne me
livre point ici à d'imaginaires rêveries; car enfin,
l'humanité a ses changemens de saison, comme la nature;
ses tempéramens divers, comme l'individu; ses accidens,
ses maladies, ses révolutions; et dans cette vie de labeurs,
de perfectibilité indéfinie, il faut aussi des remèdes aux
souffrances. Si donc le sentiment de ces infirmités, a
vivement saisi quelques uns des membres de la famille,
et qu'ils se réunissent vers un but commun d'amélioration, ne faut-il pas accueillir, avec faveur, ces manifes-
tations d'amour, applaudir à de généreux efforts?

Nous en sommes là, je pense. Notre société est
malade des secousses qu'elle vient d'éprouver depuis un
demi-siècle; et c'est dans la masse populaire surtout,
qu'existe le mal. Il lui fallait des préparatifs pour adou-
cir la transition à un autre âge; pour passer d'un état
de soumission presqu'absolue, à une vie d'indépendance;
et les frais d'intelligence et de moralité qu'exige sa
nouvelle position d'affranchie, demandent une éducation
intellectuelle et morale qui lui a manqué.

Avec ce défaut, les intérêts matériels ont facilement
acquis la prédominance dans la vie; et ceux de la morale,
nécessairement ont suivi la progression inverse : c'est
donc là qu'est le mal, et c'est là qu'il faut porter secours.

C'est ce besoin qui nous a donné la loi nouvelle sur
l'instruction populaire; et il est tellement senti, que
toutes les opinions, les partis politiques mêmes, ont
voulu rivaliser pour en assurer le bienfait. Cependant
les habitudes contractées dans ce long état de fausse
position, y mettent encore de grands obstacles, et tous

les efforts sans doute ne pourront suffir à les vaincre qu'après un trop long temps.

C'est donc une condition de notre époque, de chercher à moraliser les masses ; et tous les hommes qui éprouvent encore le sentiment du bien public, doivent se réunir pour travailler courageusement à *cette vigne du Seigneur* : l'association qui ne fait que naître dans le département de la Sarthe, n'a pas d'autre but en vue.

Nos confrères artistes, dans une première manifestation ont voulu, pour grossir les produits d'une loterie départementale en faveur des salles d'Asyle, fournir des tablaux dont les sujets se rattachent à l'idée principale : et M. Châtel qui le premier a présidé la société, nous a donné le portrait de l'estimable directeur de la salle d'Asyle du Mans, du bon et digne M. Pape. Deux ou trois petits enfants l'entourent : l'un, à peine sorti du berceau, est placé sur les genoux de ce nouveau père. Sa figure n'exprime rien encore : c'est l'état d'enveloppement de toutes les facultés. Le second a déjà reçu les premiers soins de la nouvelle école ; avec sa petite figure, gracieusement tournée vers celle du directeur, il paraît lire dans son regard ; et sa naissante sensibilité annonce le premier développement de l'être intelligent. Enfin, le troisième qui compte 5 ou 6 ans, dans l'air moins enfantin de son attitude, semble avoir épuisé le répertoire scientifique de la salle d'Asyle ; l'habitude, insensiblement contractée des comparaisons, a fait éclore les premiers jugements : le voilà prêt à réfléchir ; et dans sa belle et solide constitution, on aime à prévoir la force et l'énergie du peuple de l'avenir : ce tableau résume donc à peu près l'éducation des salles d'Asyle.

Mais pour en apprécier le bienfait, je veux envisager avec vous cette réunion d'enfants si jeunes; les soins dont ils sont l'objet dans cette enceinte d'amour et de bienfaisance; me réjouir avec vous des progrès journaliers de leur petite science, des avantages que retirent de cette suppléance maternelle, les nombreuses et pauvres familles; de l'avenir enfin que promet à la société, cette nouvelle génération qui se développe avec l'influence des bons principes, et sous l'égide protecteur de la morale publique.

Vers 8 heures, de toutes parts on amène ces enfants de 2 à 7 ans. Les parens alors les ont confiés à la sollicitude du bon maître; les mères, en remettant les plus jeunes en ses bras, leur ont donné le baiser d'amour et d'adieu pour tout un jour; et tous avec sécurité retournent à leurs travaux. Leurs enfants sont bien; la nécessité d'une sollicitude de tous les instans, ne vient point diminuer le fruit des labeurs, amasser l'amertume sur le cœur; et quelquefois dans ces momens de détresse qui déchirent, porter atteinte à cette tendresse que la nature leur a donnée si pure et si devouée; où les jeter dans cet état d'abattement qui, ôtant tout espoir, tue l'âme et le corps.

Vous souvient-il, mon ami, de cette jeune mère, que rencontra un jour madame de Pastouret, et que son état de dénuement ne put manquer de toucher? la la pauvre jeune femme, courbée sous le poids d'une énorme charge de linge, avait déposé son fardeau sur le bord du chemin où elle se reposait : ses traits étaient altérés par la fatigue, et trahissaient son malheureux sort. Vous avez l'air de souffrir, ma chère, lui dit l'excellente dame, et bientôt elles arrivent dans la chétive demeure; mais en entrant, la malheureuse mère pousse un cri de détresse, et s'élance dans le fonds de la chambre : C'était son enfant qu'elle avait placé dans son lit, et qui venait de tomber : Il était là, baigné dans son sang. Les soins bientôt le calmèrent. Mais, dit Mme de Pastouret, comment donc l'avez-vous ainsi abandonné ? madame, répond-elle, je suis obligée de travailler pour vivre avec mes deux enfans ; je ne puis gagner que 15 sous par jour au plus, et pour les garder on m'en demande 8 ! je suis bien malheureuse ! dit-elle, avec l'accent de la plus déchirante conviction.

C'est de ce jour qu'ont commencé dans notre pays (1) les salles d'Asyle. Madame de Pastouret en conçut l'idée ; le digne pasteur du banc de la Roche, vous savez, le vertueux Oberlin fit de même en Alsace ; Owen l'appliqua en Ecosse, pour les enfans de ses nombreux ateliers ; et depuis en Angleterre, en Allemagne, en France, cette heureuse idée a germé de toutes parts ; et la voila dominant les esprits, et devenue un objet d'attention sérieuse pour l'administration de notre pays.

Je ne m'en étonne pas, mon ami, les idées germent dans la vie des peuples, quand l'époque en est venue ; et la nôtre est appelée, je crois, à vivifier l'esprit de charité du Christianisme. Après les leçons dogmatiques, viennent d'ordinaire les réalités qui pénètrent : or, depuis bien des siècles, le dogme Chrétien fait l'éducation des peuples ; maintenant il réalise, et plus que jamais peut-être la civilisation est appelée à profiter de ses bienfaits.

Voyez donc, mon ami, quand nos salles d'Asyle n'auraient d'autres résultats que de donner à ces mères

(1) A Paris, en janvier 1801.

chargées de famille, des moyens d'existence au moins supportables avec leur travail; de leur rendre un peu de calme au milieu des besoins incessants qui les poursuivent; de r'attacher entre ces malheureux époux, des liens d'affection que la misère et l'excès des charges souvent ont brisés; ne serait-ce point assez pour éveiller la sensibilité des riches, fixer l'attention des puissants, et rallier, vers un but commun, tous les gens animés de l'amour du bien public?

Mais suivons cette éducation nouvelle, et les progrès qu'avec elle doit faire chaque jour la morale du peuple; revenons au préau de l'Asyle.

II.

A neuf heures, les enfants sont arrivés; un signal les fait ranger en ligne, pour entrer dans la salle des exercices; et c'est vraiment un spectacle curieux, que celui de ces jeunes enfans, quelques uns pouvant à peine marcher, se dirigeant à leurs rangs, et reprenant la place de la veille. Arrivés dans la salle, les voilà rangés sur des bancs en gradin, la face tournée vers le maître, et les exercices commencent : C'est d'abord la prière. Il faut voir mon ami, ces physionomies d'anges, tournées du côté de l'image du Christ, le regard tout animé de ce premier sentiment religieux qui vient d'éclore, si pur et si beau dans sa virginale sincérité, et que n'ont point encore altéré les déceptions de la vie. Ces pauvres enfans, ils ne savent ce que c'est que ce *bon* Dieu, vers lequel se répand en ce moment leur naïve pensée. On leur a répété que ce Dieu tout puissant veut leur bien, qu'il veille sur eux, qu'il voit tout, qu'il est au dessus de tout ; et n'est-ce point assez, pour éveiller en leur âme ce sentiment d'amour et de crainte bienfaisante qui résume toute la sainteté de la religion ; et que traduit en ce moment la délicieuse expression de leur regard ?

Ils ne savent rien de plus ; mais nous, mon ami, lors même que nous ne sommes point entraînés tout entiers par le torrent des fugitives réalités , savons nous davantage ? et quelque soit le dégré de notre développement intellectuel , ne sommes-nous pas toujours des enfans en présence de cette pensée qui traduirait à notre intelligence la complette image de l'être infini ? Laissons donc à ces enfans leur sincérité , et qu'ils la conservent long-temps , toujours !

Owen avait formé le projet de réaliser l'éducation publique dans son asyle, sans aucun secours de la religion ; mais de nombreux essais dévoilèrent son erreur ; et la divine influence bientôt rendît à ses efforts des succès qui sans elle , lui avaient manqué. Gardons-nous bien d'ailleurs de tarir , par une fausse direction, dans le cœur des masses , la source de tant de bienfaits , laissons au peuple sa religion.

Après la prière vient la revue de propreté. Toutes ces petites mains se tendent avec empressement vers le surveillant ; ces petites joues se tournent et retournent ; et l'on remarque que plus d'une mère a dû être fatiguée d'instances pour arriver à cet état de propreté. Les exercices, comme vous le pensez , sont très-multipliés : tantôt ce sont des questions sur les objets environnants ; sur leur usage , leur utilité ; sur les animaux connus ; et les répétitions gravent des idées et des souvenirs dans ces jeunes têtes.

Tout cela est coupé sans cesse par des mouvements mesurés des bras et des mains; par des marches, des promenades régulières de la salle à la cour, de la cour à la salle; quelquefois même dans les beaux jours, hors de l'enceinte des murs; mais surtout, par des chants appliqués aux éléments de la lecture et du calcul, et par des chants religieux.

La grande mobilité de ces natures que travaille un besoin incessant de développement, rend nécessaire cette variété continuelle, et c'est pourquoi j'aime tant cet orgue placé dans l'école de Bristol. Au moment où le maître croit voir arriver l'ennui, il le prévient par un chant, et l'attention est aussitôt réveillée. La musique d'ailleurs, on le sait, élève l'âme, la dispose aux belles actions; et c'est encore un bienfait que nous devons aux salles d'Asyle et aux écoles, d'en répandre le goût parmi le peuple.

Voyez donc qu'elle influence doivent exercer sur la vie, ces harmonies qui s'allient à toutes les actions, à tous les mouvements; et mettent de l'ordre dans l'activité de tous les jours de ces enfants! Des natures si jeunes, si malléables, formées à l'habitude du devoir et de la régularité par tant de soins, rappelées sans cesse aux bons sentiments, en éprouveront le besoin pour toute leur vie; et si l'homme en général devient ce que le fait son éducation, que ne devons-nous pas attendre de cette génération devenue au sortir même du berceau, l'objet de tant de sollicitudes, et formée dès cet âge à tous les devoirs qui assurent le bonheur de la société? Aussi, vous ne sauriez croire aux heureux effets obtenus déjà sur les enfans qui fréquentent notre salle d'Asyle du Mans.

Des enfans qui ne ressentaient que l'appétit de leurs besoins; qui ne suivaient que les instincts d'une nature grossière, inculte; et qui souvent n'avaient éprouvé de leurs malheureux parents, que la crainte des emportements qu'une position difficile rendaient presqu'inévitables; maintenant les voilà formés aux sentiments qui conviennent à leur petite société. Un enfant n'a-t-il rien dans son panier en arrivant à l'Asyle? Bientôt sans que l'on sache à qui l'attribuer, son petit panier est garni. Quelqu'objet perdu est-il retrouvé? un rien, un joujou, une image? Mme la directrice est tourmentée jusqu'à ce que le propriétaire soit découvert. Va-t-on en promenade, les plus forts sont aussitôt prêts à porter, à tour de rôle, ceux qui ont peine à marcher: c'est un délicieux spectacle que celui de l'empressement de ces mentors de 5 à 6 ans, donnant des soins d'affection à un plus jeune frère, à un petit camarade voisin! « Et les parents, me disait dernièrement l'épouse de M. le directeur, qui, comme lui est vouée à l'éducation de cette nombreuse famille; les parents, à l'heure où les travaux ont cessé, attendent avec impatience le retour de leurs enfants; plusieurs m'ont souvent exprimé combien ils étaient contents de les revoir; et combien ils sont enchantés de tout ce qu'ils leur racontent de la journée. »

Dès-lors ces bons ouvriers aiment leurs enfants, ils les caressent au lieu de les traiter durement; les enfants trouvent aussi qu'ils ont de bons parents, et cette classe laborieuse si facilement guidée par le bon sens, commence à comprendre tous ces bienfaits.

Voyez, mon ami, avec cet échange d'affection, la moralité se ravive; la reconnaissance et l'amour insensiblement renaissent dans les cœurs, et la nature reprend ses droits.

Dernièrement le père d'une malheureuse famille, dans

un de ses momens de désordre, s'emporta contre la mère, et la poussa hors de la porte qu'il ferma à clef : c'était le soir très-tard. Quelques instants après, leur enfant, élève de notre Asyle âgé de 5 à 6 ans, se lève en silence et va ouvrir la porte. Il était minuit à peu près !

Depuis ce jour, m'a-t-on assuré, la bonne intelligence est rétablie dans le ménage, et ces pauvres gens prennent courage en voyant grandir et prospérer leur enfant : j'espère donc beaucoup, mon ami ; et plus j'examine, plus j'ai foi dans cette œuvre de régénération dont la loi sur l'instruction populaire nous a donné le signal.

Si même portant nos vues hors du cercle des relations du premier âge nous en suivons les progrès, dans une âge plus avancé, n'y trouverons-nous pas encore des garanties d'un ordre bien supérieur ? cette éducation des masses prises au berceau, est la seule peut-être qui convienne à notre nature d'êtres destinés à vivre en société. Jusqu'ici elle n'a paru dans aucun temps de la vie des peuples ; les écoles publiques partout n'ont développé que l'élément intellectuel sans influence directe sur la morale ; et l'éducation proprement dite a toujours été confiée ou bien aux doctrines exclusives des sectes particulières ; ou à des théories individuelles plus hasardées encore : dès lors certains élémens de l'activité ont acquis la prédominance dans l'économie générale, et le désordre a pu s'en suivre.

Mais avec cette direction nouvelle, l'éducation de la société se fait par la société elle-même ; la génération qui passe, lègue à celle qui grandit, par les leçons pour ainsi dire officielles de l'*éducateur* public, tous les élémens d'ordre, de liberté, de bien et de progrès qu'elle possède ; et que celle-ci doit perfectionner, puis léguer à son tour.

Et si nous envisagions les effets de ce puissant développement de toutes les facultés; si nous suivions cette progression en masse pour ainsi dire, de l'intelligence mise en jeu dans tous ses ressorts, centuplant ses ressources avec son énergie; quel regard pourrait la suivre dans son rapide essor, et mesurer l'immensité de son vol ? Toutes les questions d'art, a-t-on dit bien des fois, sont épuisées; mais laissons avancer l'ère qui commence à nous luire, et nous les verrons jaillissant par milliers du foyer ravivé de l'intelligence.

Et voyez en outre, dans cette vie nouvelle, tous les élémens de l'activité humaine reçoivent un développement simultané; et autant qu'il est possible, sans prédominance particulière, sans ces irrégularités qui jettent le trouble dans la société. Cette marche est lente peut-être, mais elle est calme et régulièrement progressive; et si pour mesurer les distances dans la vie générale, nous voulions bien ne pas nous servir de ces petits instrumens que nous appliquons à la vie de l'individu, nous verrions qu'elle laisse encore une assez large part aux progrès de l'émancipation humaine.

Il est bien temps de terminer cette trop longue lettre; mais avant de la fermer, j'ai voulu voir encore notre salle d'Asyle, et, comme si le directeur eût compris que j'avais besoin de vous donner un échantillon du savoir faire de ses enfans, il leur a fait chanter des couplets que je tiens à vous ajouter:

A MA MÈRE.

I.

Qui donc m'a donné la naissance ?
Qui me soigna dans mon enfance ?

C'est celle à qui durant les jours,
    Je pense
O ma mère! sois mes amours,
    Toujours!

II.

Qui me chérit avec tendresse,
Et pour moi travaille sans cesse?
Qui donc sur son sein, tous les jours
    Me presse?
Toi ma mère! Ah! sois mes amours,
    Toujours!

III.

Qui, lorsque je souffre, s'éveille,
A mes plaintes prêtant l'oreille?
Près de moi qui passe les jours
    Et veille?
Toi ma mère, Ah! sois mes amours,
    Toujours!

IV.

Pourrais-je, par l'ingratitude,
Payer tant de sollicitude?
Que te chérir sois de mes jours
    L'étude;
O ma mère! sois mes amours
    Toujours!

V.

Quand je serai dans la jeunesse,
Tu toucheras à la viellesse;
Alors je soutiendrai tes jours,
Sans cesse.
Ma mère sera mes amours,
Toujours!

VI.

Si jamais j'offensais ma mère,
De Dieu la céleste colère
Rendrait la suite de mes jours
Amère.
Oh! quelle soit donc mes amours,
Toujours!

Je vous laisse à penser, mon ami, aux effets d'une pareille éducation, sur les enfans du peuple.

Adieu, tâchez de faire accueillir avec quelque faveur l'idée de la société de la Sarthe, parmi vos savans confrères de la capitale. Je compte aussi sur notre bon et cher Camille, qui mettra à cette œuvre de bien toute la sympathie qui l'attire vers les enfans, et en général vers tous ceux qui souffrent.

A vous de cœur.

J. P.

Le Mans, 15 *mai* 1836.

LES SALLES D'ASILE.

MÊME TABLEAU.

LES SALLES D'ASYLE.

I.

Enfans du peuple de la France,
Notre amour et son espérance,
A genoux devant Dieu! Que vos petites mains
Se joignent pour prier. Sa sainte providence,
Comme aux jeunes oiseaux, le long des grands chemins,
Pour vous, dans ce siècle, dispense

Les alimens du jour. L'arbre de la science
Sous ses rameaux féconds va vous ombrager tous.

     Tendres enfants, si beaux, si doux,
      Fils des artisans de la France,
   Recueillez-vous : que votre hymne commence !
   Priez : le ciel vous écoute! A genoux!

II.

Le ciel a recueilli les soupirs de vos mères ;
La terre a reverdi sous un rayon d'en haut ;
Adieu les jours mauvais et les heures amères ;
Enfin l'humanité se réveille en sursaut
Pour saluer l'éclat d'une époque nouvelle :
L'amour, Roi renversé des trônes d'ici-bas,
Reprend son sceptre saint ; fière de sa tutelle,
La France a répandu des parfums sur ses pas !
Comme aux antiques jours où les ardentes flammes
De la charité pure inondaient tous les cœurs,
Où les hommes unis par le lien des âmes
Faisaient monter à Dieu d'inénarrables chœurs,
Où les anges mêlaient les concerts extatiques
De leurs citharres d'or, Hosanna solennel ,

Aux murmures des voix, des sublimes cantiques

Que la terre envoyait aux pieds de l'Eternel;

Des hommes ont paru, quand dans ses plis funèbres

La nuit de l'Egoïsme enserrait l'Univers;

Leur parole puissante a chassé les ténèbres

Du peuple abâtardi qui dormait dans les fers;

Ils ont, comme un flambeau, fait scintiller sa gloire,

Sa gloire méconnue et livrée à l'affront:

Chrysostômes brûlans, ils ont dit son histoire,

Et replacé la palme immortelle à son front!

Et le peuple debout, songeant au diadême,

Que sur sa tête ont mis ces élus au bras fort,

A reconquis ses droits, malgré son anathême,

Et s'est transfiguré sur un brillant Thabor.

III.

Et d'autres non moins grands, plus généreux peut-être,

Cœurs tout trempés d'amour, au zèle dévorant,

A l'exemple du Christ de Bethléem, leur Maître,

Humbles, sont descendus des hauteurs de leur rang:

Ils se sont faits petits; ils ont courbé leur taille

Pour donner un baiser de sympathique amour

Aux plus jeunes enfans du peuple qui travaille,

Qui porte tout le poids de la chaleur du jour!

Ils ont bravé l'ennui, les sueurs ruisselantes,

L'épuisement du corps et les veilles sans fin,

Pour faire entrer la foi dans des ames naissantes,

Les nourrir de l'étude, eucharistique pain,

Qui doit les soutenir aux luttes de ce monde,

Quand ils partageront ses pénibles labeurs,

Et qu'ils l'arracheront à sa fange profonde,

Et par leurs dévouemens calmeront ses douleurs!

Frères, applaudissons à ces cœurs magnanimes,

Qui battent dans l'oubli, préparant l'avenir!

Oh! qu'ils soient exaltés par nos chants unanimes!

Sur la toile et l'airain gravons leur souvenir!

Que le riche enfermé dans son palais splendide,

Mollement étendu sur un sopha soyeux,

Saisi par le remords d'une existence vide,

Les aide à parcourir leur sillon radieux!

IV.

Enfans du peuple de la France,

Notre amour et son espérance,

A genoux devant Dieu ! Que vos petites mains
Se joignent pour prier. Sa sainte providence,
Comme aux jeunes oiseaux, le long des grands chemins,
    Pour vous, dans ce siècle, dispense
Les alimens du jour. L'arbre de la science
Sous ses rameaux féconds va vous ombrager tous.
    Tendres enfans, si beaux, si doux,
    Fils des artisans de la France,
  Recueillez-vous : que votre hymne commence !
Priez : le ciel vous écoute ! A genoux !

15 *mai* 1836.

Fr. GIRAULT.

LES CATHÉDRALES.

LES CATHEDRALES

DE REIMS, D'ANVERS, DE COLOGNE ET DE STRASBOURG,

AQUARELLES DE M. HAWKE,

D'après des vues prises par lui-même sur les lieux.

L'ÉGLISE DE LA FERTÉ-BERNARD ET LA CATHÉDRALE D'EVREUX,

AQUARELLES DE M. MANGUIN.

CHOEUR DE LA CATHÉDRALE DU MANS,

PAR M. DE LAGONDIE.

LES CATHÉDRALES.

I.

Un jour, s'était élevée sur le Golgotha une croix pour Jésus, fils de Marie, pour Jésus le Sauveur des esclaves et des femmes. En ce jour un voile sanglant avait caché la face du soleil, un voile de deuil et de mort où se déroula pour la civilisation païenne un linceul, car l'heure dernière avait sonné pour la civilisation païenne. Mais l'humanité se fit de ce linceul un vêtement de fête, un voile de fiancée, car l'heure de nouvelles destinées avait sonné pour l'humanité. Le tremblement de terre qui signala la consommation du sublime sacrifice avait été suivi de secousses successives où le vieux monde tout entier s'était englouti. Mais l'heure de nouvelles destinées avait sonné pour l'humanité, et, se dégageant des ruines croulantes, elle apparut radieuse comme une jeune épousée. Pleine de vie et d'espoir, elle s'élança vers l'avenir. De brillants rayons, phare lumineux, s'allumèrent sur sa route, ces rayons au feu desquels s'entretient, dans toute son incandescence, l'enthousiasme des époques de foi et de régénération! La société chrétienne se ceignit le front de son auréole; et, tandis que s'en augmentait la splendeur, le géant de l'antiquité se plongeait dans la nuit du tombeau; les idoles qu'il avait façonnées de ses mains, tombaient en foule pour s'enfouir au sein de la poussière, et son souvenir même s'éteignait, s'anéantissait, comme s'il eût été étouffé dans les étreintes du monde en travail.

Oui, le monde était en travail! Des races vigoureuses, accourues du Nord, en avaient transformé la face. Elles l'avaient labouré; elles y avaient préparé des sillons où semer de nouveaux temples pour le Dieu nouveau, des sillons où le religieux amour qui les enivrait avait besoin de se répandre en fraîche rosée.

Oh! c'est alors qu'on vit de toutes parts germer une sainte pépinière, que l'on vit croître, se déployer toute une forêt de nefs hardies, de tours imposantes, de flèches élancées, élégantes et gracieuses! Oh! c'est

alors que la foi, épanchant son urne, en fit jaillir à
larges ondes une sève fécondante! Une sève qui, empreinte dans sa partie la plus limpide, de l'essence
spirituelle du christianisme, ne prenait corps et ne
se solidifiait que pour lui créer comme de transpa-
rents tabernacles. En vivifiant la pierre, elle moulait,
en quelque sorte, le dogme; en idéalisant la matière
brute, elle donnait une forme sensible à l'esprit pur.
Chaque année semblait la clarifier davantage et l'augmenter de plus de chaleur et de vitalité. Chaque croyant
arrivait, qui versait dans ses flots un flot d'enthousiasme toujours plus subtil et plus brûlant. Elle circulait et
s'épanouissait dans les ramifications de la pierre ciselée,
dans la courbure des ogives, dans les sveltes piliers et
les colonnes aériennes. Elle assouplissait et entrelaçait
les sculptures capricieuses. Elle retraçait sur l'émail des
vitraux, en couleurs chatoyantes, des fastes saints, de
mystérieuses allégories, et les découpait en brillants
pétales dans la corolle des rosaces fleuries. C'étaient
autant de symboles vivant, parlant, exhalant le suave
parfum d'une hymne mystique et sans fin. C'était comme
la voix du Catholicisme lui-même, comme un chant
d'amour, comme un reflet de votre sourire, ô Vierge
Marie! de votre sourire qui semblait, de son ineffable
douceur, illuminer ces divines créations.

O Vierge Marie, ces divines créations c'est votre
souffle qui les faisait éclore. Vous étiez la Reine adorée
qu'invoquaient avec ferveur les pieux Artistes, les dévo-
tieux ouvriers chargés de vous élever de nouvelles de-
meures. Vous ne pouviez habiter les temples des dieux
déchus, des temples où le paganisme avait fait fumer
le sang de ses sacrifices. Il fallait pour votre culte des

sanctuaires dignes de vous, des palais d'un travail exquis, où vous pussiez vous mirer dans votre grâce et votre gloire, qui pussent offrir comme une vivante empreinte des perfections de la Femme, dont vous offriez au cœur des pieux Artistes le plus pur et le plus divin symbole.

Souvent l'Artiste avait élu entre toutes les femmes une femme pour l'entourer de son amour, la nommer sa fiancée, et appeler sur sa tête vos bénédictions, ô Vierge Marie ! Alors cet artiste devenait un de vos enfants de prédilection, et dans ses songes de génie, vous lui apparaissiez, vous posiez vos doigts sur son front, et lui disiez : « Jette dans l'œuvre que tu enfanteras
» l'éclat du soleil de la Judée, où j'enfantai le Sauveur ;
» répands-y plus de merveilles que je n'en trouvai sur
» mes pas lors de la fuite en Egypte ; sèmes-y des
» trésors plus précieux que les trésors présentés par
» les trois Rois, lorsqu'ils vinrent se prosterner au pied
» de la divine Crèche. Cherche, dans le regard virginal
» de ta fiancée, le secret d'accomplir toutes ces choses.
» J'y ai placé une limpide et chaste flamme où s'allumera
» pour toi le rayon inspirateur ; et dans l'autre vie,
» le Christ, mon fils bien-Aimé, te donnera une place
» de choix en son Paradis, une place auprès de ta
» fiancée. »

Ainsi disait la Vierge Marie, et l'Artiste s'éveillait, l'ame toute émue, toute vibrante de ses suaves paroles. Et dévoré d'un saint enthousiasme, il en communiquait l'étincelle à ses frères. Et l'œuvre se commençait, les colonnes se dressaient, les voûtes s'arrondissaient, le temple tout entier sortait de ses langes de pierre. Le sanctuaire s'ouvrait inondé comme des lueurs du ciel oriental. Les nefs se déployaient plus fraîches et calmes

que de calmes et fraîches oasis , plus ombreuses et riantes
à l'œil que de riants bosquets de palmiers. Et Marie avait
un palais selon son vœu ; et les filles de Marie, toutes les
fiancées , toutes les mères , toutes les femmes , sentaient
avec bonheur se réfleter dans son palais le doux éclat de
leurs yeux , et, pénétrants arômes , s'en exhaler la paix ,
la mansuétude et l'amour divin débordant à flots de leur
propre cœur.

Et c'est pour cela qu'aujourd'hui encore , en contemplant ces œuvres merveilleuses , on se trouve enivré d'un
charme si indicible , on sent une irrésistible extase si
prompte à vous bercer sur ses ailes. Et c'est aussi parce
que là se révèlent le passage et le travail de générations
sans nombre ! parce que là respire quelque chose de la vie
qui circulait en elles. Elles ont empreint là leurs croyances,
tracé là des poëmes animés de leur souffle. Elles y ont
versé leur ame elle-même ; elles ont cimenté de leurs
sueurs chaque pierre dentelée ; chaque Basilique est sortie
de leur sein , comme un nouveau fruit issu des flancs
d'une mère féconde.

Chaque Basilique était l'œuvre du temps , l'œuvre de la
foule , l'œuvre du peuple. Les riches et les puissants
jetaient dans ses fondations des flots d'or. Mais les flots
d'inspiration , mais les flots d'enthousiasme , c'est à la
voix d'humbles prêtres qu'ils jaillissaient , d'humbles
prêtres sortis des rangs les plus obscurs , et qu'avaient
élevés seuls leur science et leur amour. Mais les forêts
de clochers , mais les forêts de colonnettes , c'est sous le
ciseau d'humbles ouvriers qu'elles s'élançaient , d'humbles
ouvriers sortis aussi des derniers rangs du peuple, et qui
n'avaient d'autre fortune que leur outil dans la main , et
dans le cœur l'image de Jésus crucifié pour le salut des

pauvres et des faibles. Dans la simplicité et le fervent élan de leur foi ils concevaient et exécutaient des œuvres gigantesques, et le titre de maîtres maçons, de maîtres tailleurs de pierre étaient les seuls titres que caressât leur plus chère ambition.

O illustres tailleurs de pierre, illustres ouvriers dans le champ du Seigneur, que votre mémoire soit bénie et glorifiée! Les riches et les puissants, les hauts Barons occupaient dans les temples bâtis de vos mains, la première place, et vous n'aviez que la place sur les dalles où poser vos deux genoux. Mais le temps a brisé la hache d'armes et l'écu des haut Barons, et vous, votre compas et votre équerre sont devenus pour les travailleurs de sublimes armoiries. Les hauts Barons dorment sous la pierre d'où s'effacent leurs noms et leurs titres, et vous, votre souvenir, comme un parfum se conserve dans ces monuments dont vous vous êtes fait par vous-mêmes de magnifiques mausolées. Les hauts Barons vous couvraient de la poussière soulevée par leurs chevaux de bataille; mais leur gloire a passé comme la poussière dont ils vous couvraient, et vous, les hommes de paix et de travail, votre gloire est vivante encore. Elle est là, elle est debout, elle est incarnée aux flancs des saintes Basiliques que vous avez enfantées; de ces Cathédrales que nous admirons, que nous caressons de nos regards, que nous entourons de notre idolâtrie, que nous voudrions étreindre dans nos bras tout entières, pour mieux faire jaillir en cet embrassement, de leur sein, le secret du pouvoir qui les a créées, et les a pénétrées si profondément du souffle de grâce et de vie dont elles sont animées!!!

II.

Oh! Pour saisir ce secret dans toute sa profondeur, il suffirait, peut-être, d'interroger avec un cœur simple et plein de foi, la plus humble des chapelles de village. Toutefois ce sont les orgueilleuses Basiliques qui se disputent notre amour et notre culte, comme autant de superbes rivales. C'est vous, tout d'abord, Cathédrale du Mans, dont chaque jour la vue nous ravit d'un charme toujours plus doux; vous, église de la Ferté-Bernard, vous Cathédrales de Chartres, de Rouen et d'Evreux! C'est vous aussi, vous surtout, et vos sœurs du nord, ambitieuses du titre de Reine, vous Cathédrale de de Reims, si fière du voile de dentelle sculptée, dont les infinies ciselures vous enveloppent du sommet à la base. Mais vous avez coquettement déployé ce voile pour tous les courtisans qui vous ont visitée lors des pompes royales, vous vous pariez pour leurs yeux des fleurs de lys d'or, qui étoilent vos voûtes. Oh! toute belle et artistement vêtue que vous soyez, vous ne pouvez pas être la Reine des Cathédrales : soyez contente d'avoir été la Cathédrale où se sacraient les Rois!

Est-ce vous qui êtes Reine, ô Cathédrale d'Anvers? Votre flèche est délicatement et merveilleusement ouvrée. C'est une aiguille du plus rare et précieux travail. Mais vous n'êtes pas Reine : vous n'avez été qu'un des plus beaux joyaux de la couronne de Charles-Quint, et Charles-Quint eût voulu, se plaisait-il à dire, eût voulu pouvoir enfermer votre flèche dans un étui magnifique, comme dans un riche écrin l'anneau Impérial.

Antique et imposante Cathédrale de Cologne, salut! salut à vos tours inachevées! Vous êtes incomplète comme fut incomplet l'éphémère empire de Charlemagne; incomplète, comme aujourd'hui l'unité Allemande; incomplète, comme encore la grande unité religieuse que l'avenir consommera. Vous n'êtes pas un débris; vous êtes plutôt une assise d'attente aux colossales proportions! vous recevrez peut-être un jour vos derniers couronnemens, et alors peut-être, c'est vous qui serez la Reine. Mais vous n'êtes encore, entre les symboliques Cathédrales, qu'un grand symbole, un grand souvenir, si ce n'est une grande espérance.

C'est donc en suivant les bords du Rhin, c'est dans votre sein privilégié, ô Strasbourg, que l'on trouvera l'église Royale, la Basilique par excellence. Et nous aimons à le dire, car vous êtes la cité que notre enfance entourait de ses naïves admirations, et vers laquelle, bien des fois depuis, se sont tournés nos regards, dans la secrète complaisance d'une prédilection intime et toute personnelle. Vous êtes la cité Française et Allemande, la sentinelle avancée qui veille sur les deux bords du Rhin, l'anneau formé de métaux divers et précieux, qui relie la France, ce chaînon électrique, à la noble et forte famille germanique. Et votre Cathédrale est une borne jetée aux limites de deux grandes nations chrétiennes, un seuil magnifique, seulement achevé à l'heure où naissait le Protestantisme, et qui sembla se terminer tout exprès pour offrir comme un splendide abri au Catholicisme éploré.

La Cathédrale de Strasbourg forme le digne couronnement de l'œuvre accomplie par l'art chrétien, elle est le résumé de quinze siècles tout entiers, c'est la dernière venue parmi les Cathédrales, et c'est la plus belle de ses sœurs, c'est leur Reine, leur Reine qui s'enveloppe parfois de la brume du nord, comme une vierge, de son voile vaporeux !

III.

Nobles Cathédrales, glorieuses filles du peuple et de la foi, vivantes apparitions du génie de nos pères, comme si vous ressuscitiez à une vie nouvelle, vos flèches aériennes semblent s'élancer plus radieuses que jamais, et chanter dans l'ivresse d'une sainte joie, des hymnes plus que jamais harmonieux et divins.

Nobles Cathédrales, glorieuses filles du moyen âge, continuez vos hymnes saints, vos chœurs mystérieux ! Qu'ils servent d'enseignement au peuple de nos jours, qu'ils éveillent dans son sein le ferment d'une féconde émulation. Le peuple a grandi, le peuple est devenu fort : l'heure s'avance peut-être où un souffle d'enthousiasme, où le souffle de l'amour et de la foi, gonfleront de nouveau son cœur généreux, où il voudra manifester sa force et sa puissance, par des œuvres nouvelles. Alors les merveilles de l'industrie, les trésors de la science, lui fourniront les matériaux; alors il vous donnera des sœurs, ô nobles Cathédrales, ô glorieuses filles du moyen âge, des sœurs pour ajouter de nouvelles notes à vos hymnes saints, à vos chœurs mystérieux !!!

26 mai 1836.

ALPHONSE BAYLE.

MAITRE BLANCHARD

D'ANGERS.

MAITRE BLANCHARD, d'Angers,

Ancien tisserand et cabaretier, auteur de Fables en vers.

PORTRAIT PAR M. CADEAU.

————————

M. Blanchard est né au village des Gardes, entre Angers et Cholet. Privé d'instruction première, il s'est formé lui-même. Sa versification est facile; son style plein de franchise et de rondeur, de vivacité et de justesse. (1)

(1) Les Fables de maître Blanchard se trouvent, au Mans, chez Pichon, libraire, rue Royale.

MAITRE BLANCHARD

D'ANGERS.

poésie.

Rien n'est si merveilleux que le jardin d'Armide;
En rêve, avez-vous vu dans ce jardin splendide
Des milliers d'arbrisseaux, de plantes et de fleurs?
L'œil est tout ébloui de leurs vives couleurs.

Les dalia, les lys, les œillets, les bengales,
Ouvrent avec orgueil leurs éclatans pétales.
L'art seul a tout créé dans ce magique lieu;
L'art, cette œuvre de l'homme élève l'homme à Dieu!
Au fond des serres d'or, sous des cloches de verre,
Ces belles fleurs d'été, comme la primevère,
Ont fleuri sans rosée ainsi que sans soleil.
Leur éclat printannier semble pur et vermeil;
Mais leurs parfums font mal; ils enivrent la tête.
Mieux vaut la fleur des champs courbée à la tempête,
Éclose sous les pleurs de l'aube, le matin,
Et dont l'azur du ciel colore le satin.
Elle s'élève et croît à travers les épines;
Pourtant nul n'a pris soin d'arroser ses racines;
Mais chaque voyageur s'arrête en son chemin,
Contemplant sa corolle et son léger carmin;
Elle exhale un parfum de baume et d'aromate;
L'ame en le savourant sourit et se dilate.
Eh bien! — le beau jardin d'Armide, c'est Paris;
C'est le Paris des arts au ciel lugubre et gris;
Les fleurs de la pensée écloses dans sa brume
Enivrent le cerveau d'une odeur de bitume.
Mais sous un ciel de plomb, sous un soleil de feu,

Quand vous pélerinez pour accomplir un vœu,
S'il vous vient un parfum d'inculte poésie,
Simple fleur qui contient des gouttes d'ambroisie,
Et se cache craintive au pied des buissons verts ;
Alors votre ame s'ouvre au doux charme des vers ;
Pour admirer long-temps vous vous cachez à l'ombre ;
Vous partez n'emportant rien de triste et de sombre,
Et vous dites : « Mon Dieu! c'est une heure d'amour
Qui vient de m'embaumer encor tout un beau jour! »

Quoique bien jeune encor j'ai parcouru des grèves,
Des forêts, des vallons où me guidaient mes rêves,
Et je me suis assis à l'ombrage, le soir,
Pour écouter chanter des cantiques d'espoir.
J'ai trouvé quelquefois sur les bords de ma route,
De ces cœurs purs et saints qui rejetaient le doute,
Et qui n'ont pas souillé leurs inspirations
Au contact corrupteur des astres sans rayons
Que recèle en son sein une autre Babylone.

De l'Océan au Rhin et de la Sarthe au Rhône,
J'ai marché m'inclinant, me mettant à genoux,

Devant des noms obscurs qui vivront parmi nous,
Quand le grand peuple aura son grand aréopage;
Des noms que je voudrais citer sur cette page;
Car un jour viendra bien, qu'ils seront admirés
Et dans un Panthéon bénis et consacrés;
Des noms comme celui du boulanger de Nismes,
Qui va nous révéler ses poèmes sublimes.
« Reboul, apôtre saint, ouvrier du Seigneur,
J'ai proclamé ton nom dans mon livre du cœur,
Ta gloire sera belle. » — Il est une autre gloire
D'homme du peuple aussi qui vit dans ma mémoire.
« Maître Blanchard d'Angers, salut! trois fois salut!
» A toi les sons d'amour exhalés de mon luth!
Ces sons sortent de l'ame, ils iront à ton ame,
Te faire une auréole, ainsi qu'un jet de flamme!
Maître Blanchard d'Angers, ne rougis pas d'orgueil,
Car l'orgueil, tu le sais, du Génie est l'écueil?
Reste en ton cabaret, toujours simple et modeste!
Dans ton faubourg fangeux, homme du peuple, reste!
Reste! on viendra te voir, on viendra t'applaudir!
Dans ton obscurité tu te verras grandir!
Reboul n'a pas quitté le pétrin de son père;
Maître Adam, le rabot, son sceptre héréditaire;

Ni Jasmin ses rasoirs. — Oh! fais comme eux aussi!
» A ceux qui te diront, poète, sors d'ici!
» Dans nos salons dorés viens choisir une place.»
Réponds-leur : «Je préfère à vos salons de glace,
» Mon échoppe modeste où je suis maître et roi;
» Près de vous je perdrais ma candeur et ma foi!
» Non! prostituez-vous à tous vos dieux de fange!
» Distillez vos poisons jusques dans la louange!
» Allez, je suis du peuple, et je reste avec lui!
» Tel que j'étais hier, je veux être aujourd'hui,
» Je veux être demain, devant les mêmes tables,
» Où j'ai vécu long-temps, où j'ai rêvé mes fables;
» Ou reviendront encor mes compagnons s'asseoir,
» Boire et chanter souvent du matin jusqu'au soir!»
Maître Blanchard d'Angers, c'est bien! poursuis ta voie,
Humble d'ame et de cœur sans remords dans ta joie!
L'apologue est souvent un poignard acéré,
Frappe le vice au sein sous son manteau doré!
Jette la boue au front du lâche et du parjure!
Et traîne au Lupanar la honteuse luxure!
Flétris! flétris surtout l'égoïsme hideux!
Ce cancer social, serpent à mille nœuds,
Qui dessèche le cœur et ronge les entrailles;

L'égoïsme, il n'a pas de fleurs aux funérailles;
Il voit sans s'émouvoir la misère et la faim;
Il détrône Jésus sur le Calvaire, enfin
Il est Dieu! — Des autels à ce Moloch infâme!
Maître Blanchard d'Angers ne lui vends pas ton ame!
Sois pauvre et généreux. De cette idole d'or,
Laisse passer le char dans son rapide essor!
Il faudra qu'il se brise un jour dans la poussière,
Devant les hommes purs qui lui crieront : arrière!
Alors la poésie aura place au soleil,
Et de l'humanité chantera le réveil!

Maître Blanchard d'Angers, j'aime ta noble face
Où la pensée imprime une profonde trace!
Si le bon Lafontaine était ressuscité,
Il viendrait bien souvent s'asseoir à ton côté;
Il presserait ta main, il t'appelerait : frère!
Et vous deviseriez dans la même athmosphère :
Car il aimait le peuple aussi lui : son pourpoint
Dans les palais des grands ne s'humiliait point.
Oh! l'art remonte enfin à sa source suprême,
Au peuple, ce géant d'un immense poème!
Soyez bénis vous tous, hommes aux bras si forts,

Qui pour l'humanité redoublez vos efforts!

Gloire à vous qui marchez le front dans les orages

Sans que le désespoir contracte vos visages.

Moi, faible pèlerin, je vous crie en passant :

« Dieu veille sur le peuple, et le peuple est puissant ! »

A. THÉVENOT,

Auteur des Méridionales.

Qui pour l'humanité redoubles tes efforts!
Gloire à vous qui marchez le front dans les orages
tant que le fleuve contracte vos rivages...
mes passés..., je vais vous en présent;
»Dieu veille sur le peuple, et le peuple est puissant!»

A. THEUROT,

Auteur de Blanchard.

LE PEUPLE.

RENÉ-LOUIS POIRIER,

Patron du bateau Saint-Pierre, N.º 1 , à Angers.

PAR M. HAWKE.

M. Poirier, âgé de 44 ans, et né à Sablé (Sarthe), s'est signalé par une foule de beaux traits inspirés par l'amour de l'humanité. Nous regrettons que notre cadre restreint ne nous permette pas de les rappeler ici. Qu'il nous suffise de dire que trente-cinq personnes doivent la vie au courage, au dévouement de M. Poirier.

LE PEUPLE.

Il est une race que rien n'ébranle dans sa foi, ni n'interrompt dans son travail; que rien ne rebute, ni ne désespère, ni ne trompe, ni ne séduit quoiqu'il arrive, et quoiqu'on fasse pour elle ou contre elle : race forte en tous temps, pleine de bonne volonté et de justice, riche de générosité, inépuisable de courage et d'enthousiasme.

Avez-vous besoin de secours? criez vers quelqu'un des enfants de cette race, et le secours vous arrivera.

Si vous avez faim, et qu'il y ait un morceau de pain, il y en aura la moitié pour vous, ou le morceau tout entier, s'il est nécessaire.

Êtes-vous loin des vôtres, dans un long voyage, tombé dans la maladie, la misère, les afflictions, ayez bonne confiance aux enfants de cette race, et il vous semblera n'avoir point quitté votre famille.

La tempête vous a-t-elle surpris sur la mer près de la côte, et votre vaisseau est-il en danger, regardez vers le rivage, vous en verrez qui partiront généreusement pour vous venir en aide, et risqueront leur vie pour sauver la vôtre.

Est-il arrivé un éboulement sous terre dans une carrière, une mine qui vous couvre d'une masse de débris, il en sera comme dans le naufrage, et, quelque péril qu'il y ait, leur dévouement infatigable ne vous fera pas faute.

Et dans toutes les infortunes qui vous menaceront, n'importe les temps et les lieux, dans la paix comme dans la guerre, leur forte main n'oubliera point de se tendre vers vous, et de vous aider et servir du mieux qu'elle pourra.

Et quand on vous aura prêté assistance et sauvé la vie, on ne réclamera point de vous de gratitude sans bornes; mais il vous sera dit : « A votre place, et nous à » la vôtre, n'auriez-vous pas agi comme nous? Venez » donc et buvons ensemble un verre de vin; et si un jour » l'occasion se présente, traitez les autres comme on

» vous a traité vous-même, et que Dieu vous le rende. »

Cette race qui en use ainsi, fait consister la première richesse dans le travail, et le travail la fait vivre. Aussi à l'occasion voyez-vous de ses enfants sacrifier sans hésiter tout ce qu'ils ont pour être utiles : car demain comme aujourd'hui, comme la veille, ils travailleront, et leur travail les faisant vivre, ils sont sans soucis de l'avenir ; de plus ils auront sur le cœur la joie d'une bonne action qui leur allégera le faix de leurs labeurs.

Celui qui au contraire n'a qu'une richesse de terre ou d'argent et n'a point l'habitude de faire œuvre de ses mains, ne peut pas se montrer vraiment généreux, ni bon, ni juste quand même ! Il se dit : « Si je donne » aujourd'hui tout ce que j'ai, que deviendrai-je demain? » je n'aurai plus qu'à mourir. » Ce riche en outre craint la mort; car il pense en lui-même : « Qui sait ce qu'on » devient?... Et rien ne l'excite à bien faire, parce qu'il a conclu vaguement que la gloire n'était que fumée, et que le monde ingrat ne méritait pas la peine qu'on s'employât pour lui.

Tandis que les enfants de la race qui fait consister la première richesse dans le travail, n'étant ni *douteurs*, ni insouciants, aiment, de préférence à la vie, l'honneur de bien faire. Puis ils ont une foi naïve du berceau qui, toujours en eux, bien que souvent à leur insu, leur apprend que le père commun de la famille humaine est juste autant qu'il est bon, et qu'il récompense chacun selon ses œuvres. Puis toutes leurs actions nous annoncent qu'ils croient à l'immortalité de la vie de chacun comme de tous; qu'ils croient également à la dignité et à la bonté du cœur humain dont ils jugent d'après leur propre cœur ; et toutes ces croyances natives, maternelles, divines,

existent en eux sans trop de paroles et de raisonnemens,
de même que la foi aux rayons du soleil qui les éclaire et
les réchauffe, à la terre féconde qui leur donne fruits et
moissons, à l'air qu'ils respirent, à la sève de vie et de
puissance qui les anime.

Cette race forte et dévouée qui confesse sa foi dans ses
œuvres est fort ancienne, et bien qu'elle ne soit réputée
ni riche, ni noble, ni puissante, les races des riches
et des grands passent, mais elle ne passe point ; les races
royales et impériales s'en vont, mais elle ne s'en va point;
des nations même meurent, mais elle ne meurt point.
Tout se pervertit, se corrompt, se pulvérise, mais elle,
loin de déchoir, ne fait que s'élever graduellement en
moralité, en vertu, en puissance. Il en est qui mettent
en doute l'utilité des œuvres des autres races, et se
demandent : « Que font-elles ? » Mais on ne dit point de
cette race : « Que fait-elle ? » Sans quoi le toit qui
nous abrite, le vêtement qui nous couvre, la terre
cultivée que nous foulons et le pain et le vin qui nous
nourrissent, prenant soudain et en même temps la
parole, nous répondraient pour elle. Il en est qui disent
des autres races : « Qui sait ce qu'elles valent ? » Mais on
ne dit point d'elle : « Qui sait ce qu'elle vaut ? » Car elle
est forte et nombreuse, et elle ne se livre point à la
violence ; car elle est pauvre et nécessiteuse et elle ne
dérobe point, et elle ne vend ni son honneur, ni l'honneur
des autres ; et la stabilité du monde, la paix des villes,
et la sûreté de chacun témoignent de ses sentiments
d'ordre social, de respect humain, de liberté pour
tous ; et ses travaux de chaque jour aussi bien que de
tous les siècles, et toute action généreuse qui s'offre à
faire, entreprise immédiatement et exécutée, et toutes

les privations et misères endurées en silence, et toutes
les douleurs et les angoisses supportées sans se plaindre,
enfin tous les affronts essuyés, tous les rebuts et tous les
dégoûts dévorés déposent de son éternelle et inépuisable
bonne volonté.

Et quelle est donc cette race qui n'est ni impériale,
ni royale, ni noble, ni riche? cette race déshéritée des
biens de la terre et pauvre d'argent? et cependant dont les
belles actions et les œuvres utiles sont innombrables comme
les fleurs qui dans chaque printemps s'épanouissent à la
surface de la terre, innombrables comme les gouttes
de pluie qui tombe pendant des années, innombrables
comme les grains de sable de la mer et les rayons
lumineux du soleil? Quel est son nom parmi nous?
Son nom qui fait battre le cœur et remue les entrailles?
Son nom magnifique et glorieux retentissant de la terre
au ciel?

Avant Jésus, on l'appelait bétail d'esclaves, espèce
transitoire entre la bête et l'homme, gent indocile et
mauvaise, ou encore horde de barbares; et depuis Jésus,
le divin Libérateur, on l'a appelée successivement,
troupeau de serfs et troupeau de gens de peine et de gens
de rien, vile populace croupissant dans l'ignorance et
l'abrutissement; naguère on disait la foule, les masses,
les prolétaires, les nouveaux barbares, et enfin on dit
aujourd'hui de cette race : « C'est le peuple. » Et c'est
là son nom, le peuple! Son nom magnifique et glorieux
retentissant de la terre au ciel! c'est là le nom de cette
armée infinie de travailleurs qui s'étend sur tout notre
globe, le fécondant, le parant, l'assainissant, combattan
sans relâche sous le dôme des cieux qui lui sert de
tente et sous l'œil de Dieu son capitaine de guerre,

détruisant les mauvaises graines et les mauvaises plantes et toutes choses mauvaises, combattant saintement contre les rigueurs des saisons, contre le besoin, contre les maladies, contre la matière brute, et les vices du cœur, mais ayant en horreur la guerre fratricide de l'homme contre l'homme et les révolutions dévastatrices qui renversent ses travaux; et cependant s'y abandonnant parfois, mais à la dernière extrémité, et quand toute autre voie serait impuissante pour exercer un grand acte de justice et conquérir une grande amélioration dans le sort de l'humanité.

Et c'est ce peuple qui incessamment travaille, enfante, crée, à l'image de Dieu, créateur de la nature et du genre humain; c'est ce pauvre peuple ouvrier ressemblant à Jésus le charpentier; ce peuple grand de cœur, aimant la justice et la vérité, comme le seigneur Jésus, le juste, le roi de vérité; c'est ce peuple aux résolutions généreuses, qui vole au secours de ses frères, et porte sa croix de douleur si lourde qu'elle soit, sans se plaindre de Dieu, ni maudire personne. A l'image encore du seigneur Jésus qui vint apporter généreusement la bonne nouvelle de l'affranchissement de ses frères, sans crainte du martyre, et qui, ensuite, cloué sur un bois infamant, en compagnie de deux larrons, injurié et raillé par la soldatesque et les bourreaux des tyrans de ses frères, disait à Dieu : « Pardonnez-leur, mon père ; » car ils ne savent ce qu'ils font. »

C'est ce peuple qu'aujourd'hui il faut glorifier par tout ce que l'art a de puissance et de voies de glorification; c'est ce peuple dont il faut donner conscience au monde, pour lequel il faut réveiller tout ce qu'il y a de nobles et vivaces sympathies ; c'est ce peuple en vue de qui il faut être aimant, dévoué, laborieux.

Par respect de la dignité humaine qui est en chacun de nous, en même temps que pour être un exemple vivant et une instruction permanente de moralité pour tous, double loi divine renfermée dans ces paroles : « Aime ton prochain comme toi-même. »

C'est ce peuple qu'il faut célébrer dans ses travaux de tous les jours et dans ses dévouemens obscurs, dans ses élans spontanés et dans ses inspirations de génie C'est ce peuple pour qui il faut acquérir de la science afin de la lui donner, de la richesse afin de pouvoir mieux le servir, et des vertus afin de se rendre digne de l'aimer et d'en être aimé ; c'est ce peuple enfin sur qui la main de la Providence toujours ouverte a laissé tomber une semence choisie, ce peuple qu'il faut cultiver parce qu'il possède en germe toutes choses bonnes, grandes et belles, et qu'il a de l'amour et de la gloire pour ses fervens serviteurs, ce peuple qu'il faut chanter par toutes les voix qui ont un chant, sur tous les instrumens qui ont une harmonie, avec tous les chœurs qui ont des hymnes et des cantiques pour les œuvres de la création et les travaux du genre humain.

Et c'est là l'œuvre grande, l'œuvre sainte ! œuvre sans doute vieille comme le monde ; mais à jamais nouvelle, parce qu'elle est éternelle ! œuvre de haute culture morale et qui profite à tous ! Sublime cause au service de laquelle il faut rester fidèle, pour se maintenir dans des habitudes de dignité et de franchise, pour éviter les atteintes de la flatterie rampante en même temps que l'abrutissement de l'égoïsme, double chaîne pesante que portent également maîtres et esclaves, forts et faibles, riches et pauvres ; chaîne dont le travail qui fait vivre et la vérité qui se fait respecter, nous délivrent : car seuls le travail et la vérité nous rendent vraiment libres, libres dans nos actions et dans nos pensées, libres de corps et d'ame.

ACHILLE ROUSSEAU,

Auteur de la Magdeleine.

LA MARQUISE DE RAMBOUILLET.

LA MARQUISE

DE RAMBOUILLET.

Au mois de mai 1590, les Ligueurs surprirent Sablé et y firent prisonnière la marquise de Rambouillet dont le mari commandait au Mans ; ils confinèrent cette dame dans une maison de la ville et la traitèrent fort durement.

Le gouverneur de l'Anjou pour le roi, le sieur de la Rochepot, accourut au secours du château qui tenait encore, et ayant ruiné les défenses des Ligueurs avec du canon, il fit donner l'assaut. La ville fut emportée après une vive résistance et tout ce qui s'y trouva de soldats fut passé au fil de l'épée.

Sur le point d'éprouver le même sort, Descheinayes, l'un des principaux chefs du parti de la Ligue, et quelques autres gentilhommes du même parti, qui se trouvaient enfermés dans la place, eurent recours à leur prisonnière, et vinrent la supplier de leur obtenir quartier. La marquise oubliant la conduite peu courtoise tenue envers elle, intercéda pour eux auprès du vainqueur et leur sauva la vie.

Ce tableau est dû au pinceau de Mme LEGUÉ-LA-RIVIÈRE, qui est venue joindre son talent à celui des autres artistes de la Sarthe. Dans ce noble entraînement vers les arts, il est beau de voir les dames si long-temps renfermées exclusivement dans le cercle domestique, se jeter dans la mêlée, sûres qu'elles sont de plaire et d'obtenir des succès !

Nous regrettons que l'envoi tardif de ce tableau ne nous ait pas permis d'en reproduire la pensée dans un texte littéraire. Disons seulement que cette pensée, traitée avec talent, présente le *pardon des injures*, *la clémence*, si bien personnifiée sous les traits d'une femme.

*****

PROGRAMME

DE LA REUNION.

PROGRAMME

DE LA REUNION.

La Réunion **ARTISTIQUE** de la Sarthe a pour objet,

1.° De reproduire les traits des hommes qui se distinguent par des actions courageuses, des preuves de dévouement et d'humanité.

2.° De choisir ces actions dans leur ensemble, pour sujet de compositions, lorsqu'elles peuvent y prêter.

3.° De faire figurer ces portraits et ces tableaux dans les expositions publiques.

4.° D'en tirer, en grand nombre, des gravures, accompagnées de narrations et de poésies à la portée du peuple.

5.° De répandre ces gravures dans les villes et les campagnes, les ateliers, les lieux publics, et surtout dans les Ecoles primaires, et les Salles d'asile, afin que la jeunesse y ait, sans cesse, de nobles exemples sous les yeux.

6.° D'emprunter à l'histoire, pour en faire également le sujet de tableaux à reproduire par la gravure, des traits propres à inspirer l'amour des choses généreuses ; d'inventer des fictions offrant de hauts enseignements ; de retracer les inventions utiles, les grands travaux, les cérémonies nationales, les fêtes agricoles et industrielles ; en un mot, de saisir dans l'Art tout ce qu'il offre de moral, de social, de civilisateur.

7.° De faire des copies des maîtres et les multiplier par les mêmes moyens, pour que la vue des purs modèles développe dans le peuple le sentiment des beautés de l'Art.

8.° D'employer le produit de ces œuvres diverses, d'une part, en faveur de ceux dont elles représentent les traits et les nobles actions ; et, de l'autre, en faveur des Salles d'asile.

9.° D'appliquer à la sculpture, et avec les moyens qui lui sont particuliers, ce qui vient d'être exposé pour la peinture.

10.° De provoquer enfin l'institution de Sociétés

semblables dans toutes les villes importantes, et par cette extension donnée à l'accomplissement d'une haute pensée, d'établir un lien de plus en plus étroit dans la grande famille des artistes.

La Réunion a été fondée le 18 janvier 1836, sur la proposition de M. Chatel, peintre au Mans. Elle a été autorisée par décision de M. le Ministre de l'intérieur. Elle est composée ainsi qu'il suit :

MEMBRES TITULAIRES :

MM.

Charles de Saint-Remy, *adjoint* au maire de la ville du Mans, ❀, F. *Président.*

Alphonse Bayle, homme de lettres, F. *Secrétaire.*

F. Girault, homme de lettres, F. } *Secrétaires*

Adolphe de Saint-Laurent, avocat, F. } *adjoints.*

Chatel, peintre, F. *Trésorier.*

Aubenas (Adolphe), rédacteur de l'*Ami des Lois.*

Boitard, architecte.

Cadeau, peintre à Paris.

Chauvin (Jules), propriétaire, F.

Crinier, conducteur des ponts et chaussées, F.

Desjoberts fils, élève en droit à Paris.

Deutz, peintre, professeur à l'École militaire de la Flèche.

Dugasseau, peintre, F.

MM.

Espaulart (Adolphe).

Gaston, peintre, professeur à l'École de la Flèche.

Gondie (de la), peintre.

Grolleau, juge de paix à Conlie.

Guillaume, peintre à Paris.

Hawke, peintre et homme de lettres, à Angers.

Lecomte, chef du bureau des Arts et de l'Industrie, à la Préfecture, F.

Légué-Larivière (madame), peintre à Sablé.

Lemore (Ernest), propriétaire, F.

Lemore (Louis), contrôleur des contributions directes, F.

Malherbe (Armand de), propriétaire, F.

Moreau père, juge de paix à Iliers (Eure-et-Loir).

Moreau fils, commissaire-priseur.

Parandier, officier de l'Université, inspecteur des écoles primaires.

Pasquier, peintre, F.

Pelletier, peintre.

Pesche jeune, antiquaire, chef de bureau à la préfecture.

Pilaye (de la), de Fougères, dessinateur, antiquaire et naturaliste.

Quesnel, peintre à Paris.

Rivière-Thoré, vérificateur des poids et mesures à la Flèche.

Rousseau (Achille), de Saint-Georges, homme de lettres.

Rousseau (Amable), dessinateur, F.

Sauvage (Élie), homme de lettres à Laval.

Sauvage (René), gérant de *la Mayenne*.

Sevin, avoué.

Thévenot, homme de lettres, aux Sables d'Olonnes.

Toulmonche, avoué près la Cour royale de Rennes.

Vie, maire à Mansigné.

MEMBRES AUXILIAIRES.

MM.

Basse, maire de la ville du Mans, ✻

Beaussant (Julien), à Sablé.

MM.

Bernard de la Fosse, propriétaire.

Blache, agent comptable des vivres de la guerre.

Bodin, employé au ministère de la guerre.

Charbonnier, officier au 10.me dragons.

Chauvigny (de), propriétaire à Bessé.

Couet (Henri), greffier en chef du tribunal de Tours.

Chiron, professeur de mathématiques.

Deschebes (Théodore), à Paris.

Dubessey, sous-préfet à Saint-Calais.

Dufour (Auguste).

Dolac, directeur de l'École d'enseignement mutuel.

Fauchon, professeur.

Fournier, juge de paix à Angers.

Fournier, receveur de l'enregistrement à Sablé.

Geslin, commis-greffier du tribunal de la Flèche.

Guitton, à Saint-Calais.

Jacquemin, architecte à Tours.

Lanoelle, ancien conseiller de préfecture.

Lasnier (Adolphe).

Leclerc (le colonel), ✲, à Coulaines.

Leclerc (madame).

Leclerc (mademoiselle Henriette).

Legoux, adjoint au maire.

Lègue-Larivière, pharmacien à Sablé.

Lemarié, chef de bureau à la préfecture.

Monnoyer, imprimeur-libraire.

Pape, directeur de la Salle d'asile.

Papigny, avoué, adjoint au maire de la Flèche.

Pelisson de Gênes, propriétaire à Mamers.

Poisson, sous-préfet de Reims.

Rodier, commissaire-voyer.

Sallard (Adolphe), propriétaire.

Sallard (madame).

Sallard (mademoiselle Claire).

Simoneau, professeur de musique à la Flèche.

Tonnelier, notaire à Brûlon.

Triger, géologue.

MM.

Tristan (madame Flora), à Paris.

Vauguyon (Aimé de), propriétaire, ✳.

Le signe ✳ indique les membres de la Légion-d'Honneur.
La lettre F désigne les membres fondateurs de la Réunion.

www.ingramcontent.com/pod-product-compliance
Lightning Source LLC
LaVergne TN
LVHW012006180726
843502LV00005B/1567